Quinta Dimensão

Viver Bem na Nova Civilização

Lais Ceesar

Quinta Dimensão

Viver Bem na Nova Civilização

MADRAS®

Editor:
Wagner Veneziani Costa (*in memoriam*)

Produção e Capa:
Equipe Técnica Madras

Revisão:
Ana Paula Luccisano
Jerônimo Feitosa

Dados Internacionais de Catalogação na Publicação (CIP)
(Câmara Brasileira do Livro, SP, Brasil)

Ceesar, Lais
Quinta dimensão : viver bem na nova civilização / Lais Ceesar. -- São Paulo :
Madras Editora, 2024.

ISBN 978-65-5620-087-3

1. Autoajuda 2. Crescimento pessoal 3. Espiritualidade I. Título.

24-212648 CDD-133.9

Índices para catálogo sistemático:
1. Espiritualidade 133.9
Eliane de Freitas Leite - Bibliotecária - CRB 8/8415

MADRAS EDITORA LTDA.
Rua Paulo Gonçalves, 88 — Santana
CEP: 02403-020 — São Paulo/SP
Tel.: (11) 2281-5555 – (11) 98128-7754
www.madras.com.br

Índice

Transição Planetária e a Quinta Dimensão

Há uma explicação para todas as mudanças que estão acontecendo desde os anos 1990 e para a completa aceleração delas a partir de 2017.

Terminamos um ciclo de 5.125 anos e iniciamos outro. Nosso sistema solar se desloca em uma elipse que nos afasta e nos aproxima da luz central da galáxia a cada 25.625 anos. Este último intervalo de tempo, dividido por 12, marca o período de cada era, com duração de aproximadamente 2.135 anos. Esse intervalo também se divide em outros cinco ciclos de 5.125 anos. No final e no começo de cada ciclo de 5.125 anos, há profundas mudanças, que formam uma nova civilização. Além disso, estamos vivendo o quadrante da manhã galáctica, ou seja, estamos muito próximos do sol central, recebendo incessantemente grande quantidade de luz. Em dezembro de 1997, a Nasa detectou grandes quantidades de energia enviadas do centro da galáxia para o nosso sistema solar. A energia proveniente do centro da galáxia está aumentando e acelerando a vibração do sistema solar.

Podemos entender que a transformação mundial foi consequência de um fenômeno astronômico: a maior proximidade do nosso planeta do sol central. E esse fenômeno astronômico gerou outro científico, explicado pela Física Quântica, que é: a frequência mais elevada movimenta a energia mais densa. A aceleração da energia movimentou as densidades da Terra, provocando os desequilíbrios sociais, econômicos, políticos, espirituais, relacionais e familiares. Todas as áreas da vida e tudo o que existe foram expostos à aceleração vibratória. Tudo se desequilibrou porque toda forma foi movimentada. Não houve nada que não fosse tocado pelo aumento da luz.

A aceleração e a sutilização planetária coincidiram com a entrada da quinta dimensão na Terra. Vamos tomar aqui a explicação do livro *Propósito da Essência*[1] para entendermos melhor o que são as dimensões.

Para compreendermos o caminho evolutivo do padrão da Terra, vamos recorrer ao percurso energético dos chacras. A humanidade e o planeta percorrem um ciclo evolutivo. Esse processo segue uma linha ascendente, e o padrão vibratório da Terra vai se modificando em uma escala similar à do desenvolvimento dos triângulos, reconhecidos como chacras. Estes são centros energéticos que convertem a energia presente no universo em energia para o campo multidimensional (campo formado pelos níveis: físico, emocional, mental e espiritual). As dimensões são padrões vibratórios (qualidades energéticas).

A seguir, a correspondência entre os cinco triângulos e as cinco dimensões manifestadas na Terra:

- **1º Triângulo:** corresponde à nossa força vital, à energia física e à vontade de viver na fisicalidade. Está associado à estruturação de nossa base de segurança. Quando fortalecido, confere ligação com a Terra e sensação de estar presente no corpo físico – Triângulo da estruturação.
- **1ª Dimensão:** corresponde à formação do reino mineral na Terra. Quando se formou a base do planeta e o cérebro reptiliano. A Terra era ocupada por répteis e ainda não havia mamíferos – Dimensão da estruturação.
- **2º Triângulo:** corresponde à abertura para relacionamentos e estruturação das emoções. Habilidade para buscar no mundo o suprimento das necessidades – Triângulo da base de relacionamentos.
- **2ª Dimensão:** formação do cérebro límbico e da vida física na Terra. A amamentação do mamífero abre o campo da Terra para relacionamentos. A humanidade estava voltada à sua sobrevivência física. O humano se relaciona para a finalidade de suprir suas necessidades básicas – Dimensão da base de relacionamentos.

1. *Propósito da Essência: Caminho Transpessoal para a Quinta Dimensão*, de Lais Ceesar, publicado pela Madras Editora.

- **3º Triângulo:** está associado ao lugar que o indivíduo ocupa na Terra; incorporação das regras e dos padrões de comportamento, respeito a si mesmo e percepção do outro. Estruturação egoica – Triângulo da socialização.
- **3ª Dimensão:** o ser humano passa a se organizar em sociedade, criando regras de convivência. O desenvolvimento do córtex começa a diferenciar o humano dos outros animais. O humano se torna um animal político. Grande desenvolvimento do nível mental e da tecnologia – Dimensão da socialização.
- **4º Triângulo:** está associado à abertura do coração e à capacidade de se colocar no lugar do outro. Habilidade de dar e receber amor. Possibilidade de sentir compaixão e esperança. Maior respeito nos relacionamentos – Triângulo do amor.
- **4ª Dimensão:** essa dimensão é apenas uma passagem. Assim como o quarto triângulo é um intermediário entre os três primeiros triângulos voltados para a vida física e os três superiores mais associados aos níveis espirituais, a quarta dimensão é uma passagem entre o padrão vibratório da terceira e da quinta dimensão. O ser humano expande mais sua capacidade amorosa. Passa a perceber o outro mais pelo coração do que pelos atributos egoicos. Há o enfraquecimento do domínio do ego. As escolhas não visam somente aos próprios interesses, mas igualmente ao bem comum. Possibilidade de acessar outros níveis de consciência, além da fisicalidade e do nível pessoal. Acesso ao nível transpessoal, que possibilita ao homem ter maior percepção da vida e das pessoas, além das aparências; bem como maior abertura para a intuição e *insights*. Maior desenvolvimento do quarto cérebro reconhecido em crianças índigo. Essas crianças possuem habilidades especiais, grande sensibilidade, capacidade de compreensão e senso ético e de justiça. Essa nova geração intenciona implantar uma nova era para a humanidade.

A primeira dimensão desenvolveu o cérebro reptiliano; a segunda, o límbico; a terceira, o córtex; e a quarta/quinta dimensões trazem a formação de um cérebro com uma inteligência transcendente – Dimensão do amor.

- **5º Triângulo:** corresponde ao alinhamento da vontade pessoal com a vontade divina. Maior conscientização dos propósitos de vida. Busca do significado maior da existência. Entrega da vida ao comando do eu superior – Triângulo da entrega à divindade.
- **5ª Dimensão:** o ser humano está entregue ao comando da sua essência. Seus aspectos da criança ferida, do eu inferior e do ego são presentes, mas não estão mais no domínio da vida do humano, ressonante com a quinta dimensão. Cada qual cumpre seus propósitos de vida. Quando essa dimensão for dominante na Terra, o todo se alinhará ao projeto divino – Dimensão da entrega à divindade.

Propósito Deste Livro

Este foi o processo de desenvolvimento do humano como conhecemos hoje. A primeira dimensão durou milhares de anos e nela desenvolveu-se o homem com cérebro reptiliano. Mas antes desse humano, a *Kabalah* afirma que havia um ser humano perfeito à imagem e à semelhança de Deus, criado pelos Elohins (Deuses) que viviam no que a Bíblia se refere como o jardim do Éden. O Gênesis, bem como toda a Bíblia, sofreu muitas alterações desde Constantino, imperador romano. Logo, não temos por essa via informações precisas, mas um resquício parcial da história. A Torá pode trazer informações mais preservadas, mas ainda assim, parte da sabedoria desse livro está contida em códigos. Não nos importa crenças nem precisamos saber o que é verdade e o que é mito no Gênesis. Vamos tomar apenas a informação de que já existiu nesta Terra um ser humano perfeito em sua origem divina, mas alterado por diversos fatores. O que nos importa neste livro é que a quinta dimensão acelera o retorno para nossa divina origem. Temos por meio da conexão com o campo Akáshico (registro de tudo o que aconteceu e acontece em todo universo) a memória de quem somos verdadeiramente. Se tudo é uma única unidade, temos os registros akáshicos dentro de nós. Sabemos quem somos, de onde viemos e para onde estamos caminhando. Bem resumidamente: viemos do divino, somos divinos e caminhamos em direção à restauração de nossa divindade. Este livro intenciona colaborar com o reencontro com quem somos em nossa verdadeira essência por meio de referências à vida prática.

Sintomas da Quinta Dimensão

O último dia do ciclo galáctico, segundo o calendário Maia, foi em 22 de dezembro de 2012. Por essa razão, de maneira distorcida, as pessoas acreditavam que o mundo iria acabar concretamente. Conta a história que Nostradamus, após 2012, deixou uma página em branco. Quer dizer, aquele mundo de fato acabou e entramos numa nova civilização, mais ressonante com a frequência da quinta dimensão, na qual as pessoas mais apropriadas de si mesmas escrevem em sua página em branco sua própria história com mais independência. Isso porque a vibração da quinta dimensão está rompendo com as codependências, e as pessoas estão experimentando mais ser quem elas são, podendo, assim, ser autoras de suas próprias vidas.

O início do processo de aceleração da mudança nas pessoas e no planeta começou nos anos 1990, por conta do aumento da recepção dos fótons de luz emitidos pelo sol central das galáxias. Tal fenômeno alterou o padrão vibratório da Terra, elevando-a para a quarta dimensão. Como essa dimensão é só uma passagem, a frequência da quarta já puxou a da quinta e, em 2015, uma forte luz, conhecida como onda X, marcou o ancoramento da quinta dimensão na Terra.

O movimento da Terra em direção à região da galáxia de energias elevadas provocou desequilíbrios climáticos, sociais, econômicos, políticos, espirituais e familiares. O caos é o primeiro passo para o alinhamento. O aumento da quantidade de luz para a Terra trouxe também grandes revelações de tecnologias avançadas, alteração no DNA humano, modificação no tempo e no modo de viver.

O fluxo de luz que chega até nós se depara com resistências nos níveis físico, emocional e mental. A resistência é absolutamente natural para os que não nasceram na quarta dimensão. Para os que nasceram antes dos anos 1990, é mais desafiadora a adaptação ao novo fluxo. Quanto mais jovem, maior é a facilidade em lidar com a nova vida imprevisível e profundamente dinâmica. Mas há, claro, também idosos que estão se adaptando ao novo, com flexibilidade e abertura. Assim como existem jovens na estagnação e na rigidez. A adaptação ao novo depende igualmente do quanto o indivíduo é conectado com sua essência.

Vamos observar as principais alterações trazidas pelas ondas de luz para os humanos. Se há pessoas que não estão sentindo os sintomas da quinta dimensão, é pelo fato de que ou ainda estão mais presas nas dimensões anteriores. As crianças e jovens por terem nascidos com corpo, psique e mente mais preparadas para a aceleração energética, podem não sentir os sintomas físicos.

Mudanças físicas:

- Sensação de cansaço ou, ao contrário, aumento da energia vital, tontura e alterações do sono. Muitos estão dormindo por menor quantidade de horas ou estão acordados às três da manhã. Quando você acordar entre **2h30** e **3h30**, pode fazer alguns instantes de meditação de luz para a humanidade. Esse pode ser o motivo de estar acordado nesse horário.
- Dor ou zumbido no ouvido, dor nos olhos, nos ossos ou nas articulações, confusão mental, esquecimentos, lapsos de memória, distúrbios gastrointestinais, doenças autoimunes, entre outras.

Mudanças emocionais:

- Capacidade de ficar bem com a própria companhia, mas também há abertura do coração para a conexão com as pessoas.
- Sentimento de completude interior. Não há solidão, porque há uma boa relação consigo mesmo.
- A negatividade das relações codependentes está vindo à tona.
- Bloqueios emocionais estão emergindo para serem curados.

- Aumento da espontaneidade e da criatividade, porque há maior anseio de ser quem se é.
- Menor preocupação com o que os outros pensam e aumento da autoparceria.
- Maior sensação de liberdade e leveza.
- Liberação de padrões emocionais negativos e repetitivos do campo familiar.
- Permissão à vulnerabilidade, e diminuição de máscaras e defesas.
- Habilidade em aceitar e honrar as pessoas como elas são. Não julgar o todo pela parte. Respeito a diferenças e diversidades e ausência de preconceitos, porque há a consciência de resolver as questões internas.
- O indivíduo não se julga nem há julgamento das pessoas, mas fluem acolhimento e compreensão para si e para os outros.
- Não se sofre por culpa, mas há habilidade de se perdoar e se corrigir. Há sentimento de merecimento e permissão à felicidade.

Mudanças comportamentais:

- Busca por leituras mais profundas, meditação, momentos contemplativos e contato com a natureza.
- A pessoa busca reconhecer as próprias sombras e bloqueios para se transformar.
- Busca incessante pela cura emocional e evolução espiritual.
- O indivíduo assiste a filmes ou programas que despertam questionamentos e sabedoria.
- Há conexão com ideais mais elevados.
- Não há paralisação diante do conflito, nem permanência no drama, mas automergulho para investigar em si qual aspecto interno está causando o bloqueio.
- Consciência de que tudo o que acontece no externo diz respeito a algo interno. Por isso também a pessoa não guarda mágoa ou rancor.
- Autorresponsabilidade pela própria vida, sem acusação ao externo.
- Habilidade de perceber a vida num contexto mais amplo.

- Não há um depósito da própria felicidade ou bem-estar nas mãos do outro, mas uma apropriação de si.
- Saída da visão parcial da vida para uma consciência holística. Há uma consciência holográfica.
- Saída das relações codependentes ou independentes para as relações interdependentes, nas quais podemos estar inteiros com nós mesmos e em abertura com o outro.
- Diminuição do consumismo e aumento da conexão com o mundo interno.
- Aumento da intuição e menos expectativa no que diz respeito a opiniões dos outros.
- Maior permissão para seguir a própria verdade, liberando crenças mentais provenientes do meio.
- Liberação da competitividade, porque na quinta dimensão sabemos quem somos e que cada um tem seu lugar e propósito.
- Disponibilidade para se mover para o novo desconhecido, porque há internamente uma certeza da alma.
- Habilidade para lidar com imprevisibilidades e adversidades. Não se paralisa diante do imprevisto, mas se segue o fluxo apresentado.
- As pessoas praticam mais a presença (conexão da alma com o corpo), assim podem estar inteiras com os demais.
- Habilidade de compartilhamento, abertura para falar de si e amorosidade para ouvir o outro.
- Consciência de que o sucesso é ser quem se é. As realizações egoicas não são a prioridade, mas podem acontecer como consequência.
- Permissão para fazer escolhas a partir do ser essencial e não da mente. Arrisca-se a seguir o fluxo da própria essência, sem se segurar em garantias mentais.
- Busca pelo autoconhecimento transformador e não mental. Prioriza-se mais a sabedoria do que conhecimentos mentais.

Mudanças espirituais:
Habilidade para sentir compaixão e se colocar no lugar do outro.

- Expansão dos valores essenciais, tais como: fraternidade e solidariedade.
- Saída da preocupação com os outros, proveniente do segundo chacra, para a compaixão, do quarto chacra.
- Consciência de que tudo tem um propósito de aprendizado e crescimento, a pessoa não se vitimiza nem sofre com pena dos outros. Há compaixão, mas não sofrimento.
- Aumento da busca espiritual interna e diminuição da busca espiritual externa. Menos motivação para seguir mestres ou religiões e mais consciência da própria maestria e conexão espiritual permanente.
- Sensação constante de ser um com Deus e de unicidade. Sente que o todo é um.

Na quinta dimensão, as mudanças não cessarão. Necessitamos nos acostumar com as imprevisibilidades e não nos identificarmos com o mundo da forma. Nossa identificação precisa ser com a nossa própria essência. Tudo mais é mutável. Muito do que consideramos seguro torna-se frágil e, muitas vezes, o que é certeza deixa de ser. Apenas os valores essenciais não mudam.

A certeza de que as coisas acontecerão como imaginamos caiu por terra. Passamos da certeza externa para a certeza interna. Isso acontece para as grandes escolhas da vida, até para as pequenas programações cotidianas. Não temos certeza se iremos comparecer a um evento que marcamos. Se houver propósito para irmos, então, certamente estaremos lá. Caso contrário, imprevisibilidades podem acontecer e alterar nossos planos. Isso não tem relação com a resistência. A pessoa pode não fazer determinadas coisas por resistência ou por falta de compromisso consigo mesma, o que reflete em falta de compromisso com os outros. Mas ao que me refiro aqui é sobre o imprevisível. Não adianta perdermos energia tentando combater a realidade. Se as coisas não aconteceram como imaginávamos, sigamos com a imprevisibilidade do fluxo. Afinal, o fluxo é imperativo, porque o propósito maior é que determina a vida, não nossa vontade pessoal.

Mudanças e imprevisibilidades são marcas da quinta dimensão. Trata-se de realizar a passagem pela torre, carta do tarô da destruição para que o mais essencial possa surgir. Depois dessa carta vem a estrela. Para ir para o céu tem que morrer. A resiliência é um poderoso atributo de que precisamos para ancorar na quinta dimensão. Ninguém sustenta a permanência numa frequência elevada com mimos e dramas. O eu adulto tem capacidade de suportar o desconforto, sem se identificar com a dor. Enquanto a criança ferida pode acreditar que não há saída, o eu adulto alinhado com sua essência sabe que tudo passa.

É preciso ter coragem para ser quem se é, e liberar de si e da vida tudo o que não é. Nesse processo investigativo da verdade, certamente a colheita virá. E mais do que isso, sustentar nossa verdade, mesmo que tenhamos de passar pela dor do nível humano, traz o ganho da felicidade da alma. E o mais importante de toda passagem para a quinta dimensão é a saída da vida de escravidão pelo controle para a liberdade de ser. É sair da "escravidão inconsciente", como no mito da caverna de Platão, para a vida no ser essencial, que é naturalmente livre.

O fluxo da quinta dimensão não nega a estruturação. Ao contrário, quanto mais estruturada é a pessoa, sem rigidez, mais ela tem ancoramento para deixar se levar pelo fluxo sem perder o próprio centro. Quinta dimensão representa seguir o ser que nos move, esse mesmo ser que nos faz respirar. É a vida que flui em nós, independentemente de nosso controle.

Física Quântica: Explicando o Fluxo da Vida

Sorte é simplesmente um fenômeno da Física. É estar no lugar certo, no exato momento em que acontece a passagem da onda que, por ressonância, se encontra com o humano que estava sintonizado com a mesma frequência dessa onda para receber a qualidade trazida. Somos a dualidade onda e partícula, seres quânticos e nos movemos por ressonância. Somos uma frequência de onda colapsada em matéria em conexão com tudo. Por sermos uma conexão com o todo, tudo obedece a comandos energéticos e tudo o que acontece é porque teve uma ressonância para acontecer. Simplesmente nada ocorre a um indivíduo que não tenha ressonância com seu campo.

A onda vai para onde é necessário ir, movimentada por uma inteligência maior que a conduz para as ressonâncias. Esse ressonante inclui propósito e aprendizado. Os fenômenos acontecem pela atração ressonante da essência ou pela ressonância com partes distorcidas de nós mesmos. A atração pela ressonância da essência nos traz bem-estar, conforto e propósito, enquanto a atração pela ressonância de bloqueios em nosso campo nos traz desafios para o crescimento.

Tudo que se manifesta na terceira dimensão está ressonante. Somos cercados por ondas que pela ressonância se colapsam, virando partícula. Colapso da onda é um termo da Física que significa a concretização de um fenômeno no mundo da forma. O que se manifesta na tridimensionalidade, na terceira dimensão (altura, largura e profundidade), é um colapso da energia. Todo fato é uma onda que se colapsou. As ondas obedecem a comandos de intencionalidades conscientes ou inconscientes. Quando o humano quer algo, ele está enviando um comando para o campo das ondas para que o seu querer se manifeste. Mesmo que ele não esteja consciente do seu querer, sua intencionalidade inconsciente pode trazer a manifestação na forma. É também por essa razão que coisas maravilhosas acontecem na nossa vida, sem que nem sequer tenhamos imaginado.

O fato é um colapso da onda que aconteceu pela força da ressonância, que a mente não é capaz de explicar. Por exemplo, uma pessoa com menos conhecimento que seus concorrentes pode passar em um concurso porque estava ressonante para isso acontecer. É claro que existe o empenho pessoal para possibilitar que aconteça o que queremos. Entretanto, a definição final para a manifestação no mundo da forma é ditada pela ressonância.

Nada é exato, tudo é probabilidade. Podemos investir parcialmente para que os fatos aconteçam, mas o movimento inteligente do universo, em parceria com o alinhamento ou o desalinhamento dos nossos campos, faz acontecer o que é para ser. É absolutamente inquestionável que o que se manifesta é o que é para ser. Nosso ego pode não gostar, mas a esperteza egoica jamais vai manipular os resultados trazidos pelo funcionamento perfeito do universo. Então, o humano alinhado simplesmente flui aceitação e lida com o que aparece. A vitimização ou a culpa não fazem o menor sentido pela ótica da maior compreensão da vida. Esses são padrões emocionais que precisamos liberar, porque são totalmente ilusórios e aprisionantes.

Se tudo que se manifesta acontece através da ressonância, que consiste no encontro das cristas das ondas do receptor e do mundo externo, então não há algozes nem vítimas. Não existem erros porque tudo que se manifesta é o que tinha que ser de acordo com nosso nível de consciência, evolução, ou necessidade consciente ou inconsciente. Na quinta dimensão, não há espaço para a culpa, simplesmente porque não existe erro.

Erros não existem, porque o que acontece é um fenômeno da atração da onda do qual não temos o menor controle. Nenhum ser humano, por mais alinhado, evoluído e com hábeis conhecimentos práticos da Física Quântica, pode controlar os resultados manifestados no mundo da forma. Nosso empenho e intencionalidade podem trazer "50%" de possibilidade de manifestação. Quanto maior é a limpeza de bloqueios inconscientes, que poderiam boicotar a manifestação da intencionalidade, maior é a probabilidade de que a onda se colapse mais conforme o nosso querer. Mas, ainda assim, a manifestação nunca será como nossa mente racional e limitada pode imaginar. Simplesmente porque não temos acesso ao total reconhecimento de quem somos, além disso, o universo tem uma inteligência maior, que trará para o mundo da forma o que é mais necessário. Quanto mais caminhamos para ser quem somos, liberando o que não somos, mais alinhamos nossa inteligência individual com a inteligência do universo. Isso nada tem a ver com a mente racional, mas a inteligência essencial está em todo nosso campo, muito além do cérebro cortical. E quando somos mais quem somos também não nos importamos em como as coisas se manifestarão, pois a inteligência essencial inclui a sabedoria. Qualquer fato que se manifeste, o ser essencial sabe que é aprendizado. Dessa maneira, nos desapegamos dos resultados ou das expectativas futuras. Ademais, o ser alinhado tem fé. Tem a certeza interna de que, o que quer que aconteça, está tudo certo.

"Que seja feita a vossa vontade", clama o ser alinhado para a totalidade. O ser da quinta dimensão possui ego e quereres porque vive no mundo da forma, entretanto, sabe haver algo muito maior que seu anseio de gratificação pessoal. Sabe que tudo serve a um bem maior. O ser da quinta dimensão não é alienado de si mesmo para uma entrega a um Deus fora de si. O ser em sua completude tem as raízes da primeira dimensão, o autoacolhimento da segunda, a estrutura da terceira, o acolhimento da quarta e a entrega ao eu superior da quinta. O ser da quinta dimensão construiu estrutura para poder fluir. Não está esperando as coisas acontecerem, mas flui com as coisas que acontecem. Sabe em seu íntimo que não há certezas de resultados, mas faz o que precisa ser feito, se movendo na vida a partir de seu ser essencial.

Kabalah – Física Quântica – Transpessoal

Mudança é a marca da quinta dimensão. Tudo o que acontece é porque tinha de acontecer. O universo segue uma inteligência divina que orquestra tudo o que existe para a evolução. E qual a função da evolução? É o movimento em direção ao projeto original. Todos os fenômenos ocorrem para que tudo seja mais plenamente o que se é em essência. Nada acontece sem que não seja permitido acontecer. As energias precisam ser manifestadas na Terra, e estas são atraídas por campos ressonantes para que possam se desenrolar. As pessoas são esses campos que, pela ressonância, atraem energias que se transformam em fatos. Segue então a pergunta clássica que os alunos de *Kabalah* costumam fazer: "Se Deus é bom, por que existe permissão para que coisas ruins aconteçam?" Há vários aspectos envolvidos nessa questão. Em primeiro lugar, a classificação dos eventos como bons ou ruins é proveniente de nossa mente linear. Isso só existe no mundo das dualidades. Na terceira dimensão, tudo é dual. O ego enxerga os fatos como certos ou errados.

A consciência da quinta dimensão percebe a vida mais integrada e a partir de uma perspectiva holográfica. Não existem fatos bons ou ruins, mas, simplesmente, fatos. Estes, inquestionavelmente, ocorrem para algum propósito. A mente linear pergunta: "Por que isso aconteceu?" A inteligência superior da nossa essência questiona: "Para que isso aconteceu?" Tudo o que acontece tem um propósito, e é por essa razão que o universo apoia a ocorrência de fatos "aparentemente negativos".

Isso também responde por que coisas "ruins" ocorrem com pessoas "boas". Fatos acontecem com as pessoas pelo propósito. O inconsciente pode criar episódios dolorosos para que o ser reconheça seus próprios padrões negativos e os transforme. Além disso, nossa alma escolhe situações pelas quais precisa passar para seu aprendizado. Quer dizer, não existe nenhum fato que não seja para transformação ou aprendizado. Quando alma e ego estão bem separados, o indivíduo pode se revoltar com a vida. Quando eles são alinhados, sabemos que nossa alma, em consonância com o universo, escolheu manifestar no externo aquilo de que necessitamos. Se nossa alma é uma partícula do divino, não há casualidade trazida pelo universo. Nossa essência é Deus orquestrando tudo à nossa volta. Escolhemos todos os acontecimentos que nos cercam, em parceria com a totalidade.

Sob o ponto de vista psicológico, o que foi reprimido no inconsciente precisa ser manifestado por meio de fatos para ser purificado, e, do ponto de vista espiritual, tudo que o acontece tem um propósito. Isso faz bem mais sentido que perceber os episódios como carma. Quando notamos nossa responsabilidade diante dos fatos, podemos mudar, quebrando assim o carma. O indivíduo pode sentenciar-se a repetir passivamente ocorrências negativas por punição inconsciente, atribuindo a negatividade ao carma e não a si. Parece um paradoxo. A "negatividade" se faz presente para um propósito, independentemente de nossa vontade consciente, mas também é nossa própria responsabilidade tudo o que acontece.

O carma pode ser experimentar em si mesmo o que foi feito a outro, para maior compreensão de si e da vida. Mas também é consequência de questões emocionais e espirituais não resolvidas nesta ou em outras existências. Não precisamos cumprir o carma, mas entendê-lo. Quando identificamos o propósito do carma, podemos escolher continuar cumprindo ou liberá-lo. Há carmas que podemos modificar com atitudes. Quando vamos mais em direção à nossa essência, criamos uma autoestima inabalável que não nos permite permanecer em situações que nos fazem mal. Alteramos o que podemos mudar e enxergamos o propósito do que não podemos modificar. A doença física, por exemplo, foi criada por questões inconscientes. Ao investigar e transmutar os conteúdos inconscientes que a criaram, a cura pode acontecer. Porém, pode ter um propósito permanecer com a doença. Ainda que o ego possa sofrer com determinados episódios, a alma pode estar feliz. A compreensão só é possível com a integração do eu humano com o eu divino. Viver no nível pessoal nessa autosseparatividade é viver em sofrimento. A integração possibilita a compreensão e, consequentemente, a resiliência. Viver em paz, independentemente dos fatos, só é possível no nível transpessoal. Transcender a realidade não é negá-la, mas saber que o propósito é imperativo.

Ter fé na essência não é querer que as coisas aconteçam como nosso ego deseja, mas é sentir verdadeiramente que o que quer que aconteça, está tudo bem. A fé nada tem a ver com barganhar com Deus. Ser amigo de Deus para que as coisas sejam como nosso ego quer é um grande autoengano pseudoespiritual. Nossa reconexão com o divino não é uma necessidade do ego para sua própria proteção ou vantagens. A integração divino-humano é uma emergência do ser. Não é algo buscado pelo nível egoico, mas um caminho natural de reintegração. Caminhar para o divino que somos é um processo natural.

O que ocorre tem o propósito de nos mover mais em direção ao que somos. Tudo o que aconteceu é porque tinha de acontecer, porém, nem tudo que é para acontecer, acontece. Para explicar melhor, vamos tomar a teoria dos universos paralelos da *Kabalah*. Resumidamente, essa teoria diz que temos destinos possíveis. Nosso eu futuro não tem uma condição predeterminada de como estará, mas possibilidades. Nosso eu futuro é totalmente determinado pelo eu presente. Não é uma barganha linear do tipo: se eu fizer tudo certinho, terei um futuro feliz. Muitas vezes, buscar fazer o certo é desviar da essência para seguir ordens do ego. Além disso, a felicidade também não é determinada pelos fatos, mas pelo estado energético do ser.

O alinhamento com a essência pode garantir uma felicidade no aqui e agora, independentemente dos fatos. Criando felicidade no agora, por ressonância, também se cria no futuro. Então, vamos entender que se nos alinhamos com a essência, certamente criamos um futuro melhor do que se estivéssemos mais identificados com o ego ou com o eu inferior. Mas o alinhamento com a essência não é garantia de que negatividades não aconteçam. Elas acontecem para todos. A diferença é que a pessoa alinhada pode modificar um *script* repetitivo de dor. O indivíduo mais consciente pode fazer com que fatos negativos provenientes de padrões distorcidos do passado deixem de ocorrer. Explicando melhor, temos futuros possíveis: se a pessoa está no presente empenhada em curar a negatividade do seu inconsciente, praticando todos os dias o alinhamento com a essência e estabelecendo uma relação de confiança consigo e, consequentemente, com os outros e com o mundo, é claro que o futuro tende a ser mais satisfatório do que o daquele que vive inconsciente, em uma vida mecânica, alienada de sua alma, enxergando o pior em si e à sua volta.

Os estados de consciência determinam nossas escolhas conscientes ou inconscientes, as quais criam nosso futuro. Podemos viver no mínimo ou no máximo de nossa potencialidade. Somos seres imprevisíveis porque temos consciência em desenvolvimento. O futuro é totalmente flexível. Determinações astrológicas podem manifestar-se na polaridade mais positiva ou negativa. Existem destinos possíveis que decretamos por meio de contratos sagrados neste ou em outros planos. Então, há fatos que determinamos que aconteçam. Porém, contratos podem ser revisados, cancelados, e se existem fatos desafiadores que verdadeiramente precisam acontecer, podem passar com o mínimo de dor ou até mesmo com felicidade da alma. Da mesma forma, há coisas positivas que nosso ser plasmou para a nossa existência, mas o medo inconsciente pode sabotar a sua ocorrência. Nosso futuro é bem pouco determinado pelo destino alheio à nossa participação inconsciente. Não é definido pela vontade egoica, mas é produto do processo de maior alinhamento ou desalinhamento com a essência.

A psicologia transpessoal da essência é um caminho filosófico e terapêutico, que tem como propósito a integração do eu divino com o eu humano. Tal integração possibilita que nosso eu humano caminhe para ser o melhor que ele possa ser em essência. O máximo potencial do ser a que me refiro não é o melhor do ego, mas a plenitude do ser. A maior proximidade da essência faz com que limpemos as dissonâncias para sermos o máximo de nossa divindade corporificados na Terra.

A Vida Transpessoal e o Novo Paradigma Científico

O novo paradigma científico explica a imprevisibilidade da vida com seu universo de possibilidades. A descoberta de que não é possível prever a posição do elétron foi trazida pelo físico alemão, Werner Karl Heisenberg, em 1927. Em 1932, recebeu o prêmio Nobel de Física pela criação da mecânica quântica.

O princípio da incerteza declara a impossibilidade de sabermos a posição exata que um elétron ocupa na eletrosfera de um átomo. Essa indeterminação é uma propriedade dos sistemas quânticos, e é consequência da dualidade onda-partícula. A incapacidade de precisar a posição do elétron é decorrente da sua possibilidade de ser partícula, mas também de poder ser onda.

Para o antigo modelo atômico proposto por Niels Bohr, seria possível saber a posição exata de um elétron. O modelo de mecânica quântica declara não haver posição exata para o elétron, mas probabilidade de onde ele se encontra, podendo estar materializado como partícula ou como onda nas nuvens. De acordo com o novo paradigma, não é possível obter certeza de onde as coisas estão e como elas se comportarão. Ao contrário do universo de Isaac Newton, em que se as leis são claras, a previsão é possível, no universo quântico, mais próximo de nossa realidade concreta, nada é precisamente previsível. A ciência traz o novo paradigma que coincide com a vida na quinta dimensão: a entrega diante da imprevisibilidade.

A Teoria do Caos também fala da imprevisibilidade. Essa teoria veio da Matemática por meio da descoberta de que mesmo sistemas determinados podem trazer resultados indeterminados. Tal teoria foi levada para outras áreas, como a Engenharia, a Biologia e as Ciências Humanas. Os sistemas, ainda que sejam de natureza determinista, possuem um fenômeno de instabilidade conhecido como sensibilidade às condições iniciais. Pequenas diferenças nas condições iniciais, em longo prazo, criam resultados divergentes para os sistemas. A natureza determinista desses sistemas não garante a sua previsibilidade.

A Teoria chamada "Efeito Borboleta", trazida pelo matemático Edward Lorenz em 1963, é uma das bases da Teoria do Caos. Ele observou em computadores que a mínima alteração, como o bater das asas de uma borboleta, pode trazer modificações nos fenômenos meteorológicos, mesmo que em longa distância.

Pois bem, se até a Matemática, que parece ser a ciência mais exata, tem improbabilidades, imagine nossa vida humana. O que traz alteração para o que parecia ser determinado é o fluxo. Tudo bem que existam a causa e o efeito, mas entre os dois há o fluxo que pode alterar o efeito. E o fluxo está em toda parte, simplesmente porque é Deus manifestado.

Deixemos que a vida seja. Precisamos ser o melhor que podemos ser, em nosso máximo potencial da essência, para nosso bem e o bem do todo; e deixar a vida ser o que é para ser. Viver a vida transpessoal, sendo quem se é e deixando a vida ser o que ela é, é o melhor que podemos fazer por nós e pela totalidade. Podemos não atrapalhar a vida, querendo que ela seja diferente do que é, e liberar a arrogância proveniente da crença de que conhecimento pode trazer controle. Conhecer as leis do universo pela *Kabalah*, pela Física Quântica ou por qualquer outra forma de sabedoria só faz sentido se for para a evolução. E conhecimento espiritual que não traga o autoconhecimento e a transformação é apenas entretenimento mental.

O propósito da *Kabalah* e da revelação da Física Quântica é a instrumentalização para sermos mais plenamente o divino que somos. Mas se o conhecimento não desce para o coração, permanecendo somente no nível da mente, em vez de ajudar, ele afasta ainda mais o humano de sua essência, por meio da arrogância e da separatividade, proveniente do sentimento de ser especial.

De nada adianta saber que somos todos um (um dos principais preceitos cabalísticos e quânticos), mas não viver sendo a unicidade em pequenas ações do cotidiano. Sermos todos um é irmos além da gratificação pessoal e da busca do melhor para o eu separado. Viver o "somos todos um" é naturalmente escolher pelo bem do todo.

"Todos os males do mundo vêm da heresia da separatividade." Essas antigas palavras da filosofia tibetana expressam grande veracidade. Madame Blavatsky, escritora russa, cofundadora da Sociedade Teosófica, foi ao Tibete estudar profundamente os conhecimentos do local. Escreveu o livro *A Voz do Silêncio*, entre outros, que traz para o Ocidente parte da sabedoria oriental. E uma das questões básicas trazidas pela sabedoria tibetana é que o egoísmo está na raiz de todos os problemas sociais.

A única forma de sair do egoísmo, proveniente da identificação com o ego, é indo para o nível transpessoal. Mas esse não é um processo que acontece magicamente. Para aqueles que não nasceram mais iluminados, já com uma consciência de quinta dimensão, como algumas crianças e jovens, são necessários anos e anos de treinamento. E não há um instante em que possamos atingir uma liberação completa do egoísmo. Até um iluminado pode ter um deslize humano para o egoísmo.

A quinta dimensão convida os humanos para o processo de desidentificação do ego. Esse processo está na base de todos os caminhos espirituais. Como Jesus disse para Nicodemos: "Em verdade vos digo, ninguém entrará no reino dos céus se não nascer de novo". O reino dos céus não é um lugar de premiação para os que tiveram boas ações, mas um nível de frequência que pode ser experimentado e vivenciado aqui e agora. Muitos sábios trouxeram o conceito de que precisamos abandonar a própria vida, se quisermos viver. Há os que distorcem tal premissa, desleixando a própria vida. Mas esse é um grande autoengano espiritual. Precisamos cuidar bem da nossa vida humana, que inclui o zelo com o corpo, com a vida financeira e todos os cuidados para a formação de uma vida estruturada. Necessitamos nos estruturar sem nos identificarmos com nenhum aspecto que estruturamos. É construir sem apego à construção.

O que Francisco de Assis dizia – "é morrendo que se vive para a vida eterna" – significa viver no nível transpessoal. Estar no mundo, mas não pertencer a ele, nas sábias palavras de Jesus, é possuir uma vida individual, estando presente com ela, mas saber que não somos nossa individualidade. É viver para o ser transpessoal, não para a busca da realização pessoal. Não é que não iremos realizar o eu pessoal, realizamos, mas como consequência e não como motivação principal. Viver para realizar o eu pessoal separado da alma e do todo é viver na ansiedade e no medo, criando dor para si e para o mundo. O que nos preenche e nos faz transbordar para que outros desfrutem de nosso deleite é viver o máximo possível, sendo a essência que somos.

A Rebelião em Direção ao Ser

(A Manifestação da Essência)

Segundo Søren Kierkegaard: "Ousar é perder o equilíbrio momentaneamente. Não ousar é perder-se". Para chegarmos a nós mesmos, teremos de desfazer grande parte do que criamos de maneira ilusória, interna e externamente, para nos sentirmos seguros. A verdade que vai sendo revelada no caminho da autoconsciência vai nos tirando do equilíbrio no qual apoiamos nossa vida. A verdade, antes de libertar, irá destruir. Essa quebra é inevitável no caminho do crescimento. Apegar-se à segurança é perder quem se é verdadeiramente.

Há um momento solitário na busca do si mesmo, porque você passa a se diferenciar dos campos em que se encontra inserido. A verdade separa porque nos diferenciamos, mas o amor nos une. Verdade e amor são as duas forças que nos movem na vida. E as duas precisam ser igualmente fortalecidas. Verdade sem amor é uma vida árida, e amor sem verdade é autoabandono. Dirigir-se para a verdade de quem se é diz respeito a um caminho que teremos de fazer, mais cedo ou mais tarde. A quinta dimensão vem derrubando todas as nossas máscaras, conscientes ou inconscientes. Tememos a verdade que somos, pois tememos desconstruir o que criamos. E o principal temor dessa desconstrução é deixarmos de ser amados. Claro que esse medo quase sempre é inconsciente. Deixamos de ser quem somos para acreditarmos que somos amados; e tememos deixar de ser o que criamos por termos medo de perder o amor. Mas é justamente o contrário. Definir-se pelo externo é o que nos tira o autoamor.

Quando éramos crianças, ouvíamos muitas consignas verbais e não verbais que foram nos tirando de nós mesmos. O medo de não sermos amados por nossos cuidadores foi nos moldando para sermos aceitos, violando aos poucos nossa integridade. Temer não ser aceito e amado é absolutamente comum na criança. A chance de perder o afeto dos pais pode ser sentida como a possibilidade de morte, pois a criança realmente depende de seus cuidadores para a sua sobrevivência. Muitos adultos possuem fixação psíquica nessa fase, reproduzindo o mesmo medo infantil de deixar de ser amado diante de uma perspectiva de rejeição. Todos queremos ser amados, a questão é que alguns farão qualquer coisa para obter afeto. O medo de não receber amor é o primeiro passo para a retirada do amor por si mesmo. O medo vai fazendo o indivíduo deixar de ser quem ele é para ser o que acredita que os outros esperam que seja. Até que a repetição das formas adotadas para ser amado torna-se um padrão.

Na adolescência, o medo de não ser aceito é naturalmente repetido. O adolescente costuma fazer de tudo para encaixar-se em algum grupo, muitas vezes, violando profundamente a si mesmo. Por outro lado, a adolescência é uma oportunidade de diferenciação do campo familiar para o encontro dos próprios valores. De qualquer modo, o que quer que o adolescente encontre no mundo estará em ressonância com ele mesmo, na luz ou na sombra. Ele viverá as experiências que precisa viver para se mover em direção a quem é, mas poderá também, para ser aceito, afastar-se mais de seu eu verdadeiro.

O eu adulto continuará o processo de ser aceito. Há aqueles que farão absolutamente tudo para seguirem um padrão, a fim de terem a ilusão de pertencimento. E há os que irão se rebelar. Tal rebelião pode ser um movimento em direção ao ser verdadeiro ou pode ser uma revolta que não esteja ancorada na verdade, mas no combate.

A cobrança do adulto para ter a sensação de pertencimento não cessa. Não há fim para esta lista de cobranças. A exigência do ego para obter valorização é atroz. Beleza física, abastecimento financeiro, reconhecimento social, ter um casamento, ter padrões aprovados de comportamento, e assim segue a lista sem fim de cobranças. E quando o ego tiver cumprido todas as exigências, ainda julgará que precisa de mais, criando e reforçando suas máscaras.

Quase sempre a máscara está tão encaixada, que a maior parte das pessoas não tem a menor ideia da fraude que criaram em suas existências. Há máscaras que permeiam tudo na vida do indivíduo. Quando uma *persona* se manifesta em todas as áreas da vida, a identificação cristalizou-se e somente um considerável desconforto que apareça pode motivar sua desconstrução.

Tais desconfortos, muitas vezes, não aparecem objetivamente, mas por meio de uma tristeza sem causa aparente, sintomas de medo ou pânico, enfim, quaisquer sinais físicos ou emocionais podem emergir para dizer que algo não está tão perfeito como gostaríamos. Quando o desconforto interno é negado e reprimido, então, este começa a manifestar-se no exterior. O que estava complementando com nossas máscaras começa a ruir. Não importa como apareça a desestruturação, o fato é que na quinta dimensão todos serão convidados a vivenciar a falência do que não está ressonante com a própria essência. A carta 16 do tarô, a torre, que para a maioria das pessoas é a mais assustadora, está presente de alguma forma na vida de todos nós neste momento planetário. Alguns fazem tudo para negar a crise; outros lançam mão de mais defesas para segurar o mundo conhecido sem abalos, aumentando o controle sobre o lado externo; e outros caminham para o emparelhamento com a nova vibração planetária, operando em si as mudanças necessárias para a maior expressão do ser essencial.

Fazer a mudança para a liberação do não ser, bem como adaptar-se às novas configurações, é o caminho necessário para viver no novo mundo. Não é mais uma questão de escolha sermos íntegros ou mascarados. Simplesmente não há lugar para o afastamento do ser essencial na quinta dimensão. O movimento de transformação pessoal traz novos formatos para a vida e, ao mesmo tempo, novos cenários surgem para que a mudança interna aconteça. A resiliência é a qualidade que todos teremos de desenvolver. Podemos entender melhor esse termo da Física quando aplicado à Odontologia ou à Engenharia. Materiais duros podem quebrar com mais facilidade que os resilientes. Endurecer, aumentar a rigidez ou controlar para que tudo fique como está não funciona diante da alta frequência da quinta dimensão. O aprendizado é transformar o que podemos modificar e nos adaptarmos ao que se apresenta. Gratidão e resiliência, qualidades citadas em um congresso de medicina integrativa em Harvard, são base para a saúde e atributos ressonantes com a quinta dimensão.

Todas as coisas caminharão cada vez mais para a recuperação da essência original de tudo o que existe. A maior ameaça para a desconstrução está nos medos inconscientes de perdermos o que criamos. Mas a maioria das pessoas criou seu mundo pessoal em cima da separação do ser essencial, então, parece tão emergencial a desconstrução. O que pode ser pior que não ser? Ainda que a dor do afastamento da própria essência esteja bem inconsciente, ela está aí e aparece de tempos em tempos, como um chamado para o retorno ao ser. A dor de não ser quem se é, com frequência, é muito maior que o desconforto transitório de desapegos e custos das liberações. O ser naturalmente caminha em direção a ser e expressar seu propósito. Todos os episódios da vida servirão para relembrar partes esquecidas do ser.

A vida sempre vai nos procurar para praticarmos o que precisamos aprender. Há aqueles que esperam os eventos chegarem e há os buscadores da consciência. Os que buscam explorar a vida costumam, desde criança, apresentarem sinais de que vieram para transformar. Tendem a contestar, questionar e desobedecer a regras estabelecidas. Ainda que tal impulso em direção ao ser seja reprimido na infância pelo medo inconsciente de perder o afeto dos cuidadores, na adolescência ele tende a se manifestar. Aqueles mais condicionados e obedientes, em algum momento, se rebelarão contra as ordens contrárias ao chamado do ser. A rebelião tem um preço a pagar. Remar contra a maré social é sofrido. Muito mais fácil é adaptar-se e construir a vida embasada nos padrões da maioria. Entretanto, quem se aventura na vida, ainda que sofra as consequências de sua busca, encontra mais cedo sua própria essência. Vamos entender: a rebeldia por si só não traz evolução alguma. A desobediência ao externo só faz sentido se estiver a serviço da obediência interna, ao seu ser essencial.

A criança ou o adolescente desobedientes podem sofrer punições e, por medo, enquadram-se ao sistema ou podem manter a chama da busca a si mesmos. Os buscadores do próprio *self* podem passar por apreensões por conta do seu desencaixe. Porém, quando ultrapassamos a dor de não nos sentirmos pertencentes ao social, há um natural acesso a uma felicidade incondicional, que provém do pertencimento ao ser essencial. Remar contra a maré por remar não faz sentido. Há aqueles que permanecem contestando a vida toda, como uma resposta reativa aos pais opressores que tiveram.

Repressão gera rebeldia. Insubordinação ao sistema pode ser um passo para o encontro do ser ou apenas uma reatividade emocional. A questão é observar quem é dentro de nós que está se rebelando: a criança ferida ou a essência? Mas claro que nosso eu humano não é tão linear assim. E quase sempre há uma mistura de partes internas que se manifestam. A revolta pode representar um caminho do ser ou pode significar um padrão de briga. É curioso observar como subversivos que chegam ao poder passam a pertencer ao sistema. Então, qual era o sentido da rebelião? Por trás da rebeldia pode haver uma grande dor de exclusão que o indivíduo, quando passa a pertencer, esquece; trata-se da pontinha da essência que o motivava e ele passa a se enquadrar. Tomemos como exemplo a política. É simples observar quando o político é revoltado por conta de uma ferida interna profunda ou quando é uma rebeldia que vem da essência, que intenciona verdadeiramente a mudança do sistema para o bem do todo. Uma das estratégias do adulto que tem uma criança interna fortemente ferida é a busca pelo poder. Assim, os rebeldes contra o sistema podem tornar-se crianças tiranas no poder. Não é que somos enganados por políticos, eles é que se enganam.

A rebeldia pode ser um padrão reativo e defensivo da criança ferida. Contudo, muitas vezes, a rebeldia é um movimento evolutivo. Observemos o signo de Aquário: quem é aquariano ou tem ascendente ou planetas nessa constelação possui uma rebeldia, porque há um anseio futurista pelo novo. Buscar ir além da forma estabelecida é muito saudável quando há uma abertura para a transcendência do estabelecido, mas, ao mesmo tempo, um respeito por ele. A rebelião, quando provém mais da criança ferida que da essência, não respeita o objeto da transcendência. Vamos lembrar o sábio Voltaire: "Posso não concordar com uma só palavra sua, mas defenderei até a morte o seu direito de dizê-la". Na quinta dimensão, segue-se a própria verdade com respeito às diferenças. Quando há algum nível de agressividade para afirmar o próprio posicionamento, uma criança ferida está se manifestando. Vamos lembrar mais uma vez Voltaire: "Uma discussão prolongada significa que ambos estão errados". Nesse caso, vamos entender errado como um sinal de descompensação. Mas, como citei anteriormente, a criança ferida, muitas vezes, está junto à motivação da essência. Quando o rebelde enxerga e acolhe sua ferida, então, o propósito se fortalece, porque a rebelião torna-se mais legítima.

Vale lembrar também que, principalmente de alguns anos para cá, há aqueles que nasceram em um ambiente apoiador para a manifestação do ser essencial da criança. Nesses casos, é muito menos doloroso ser quem se é no mundo. Mas não importa como foi nossa infância familiar ou escolar, se fomos mais ou menos apoiados. É fundamental liberar o que fizeram de nós para focar o que podemos fazer agora. Se não obteve amor, ame-se agora. Se não obteve apoio, apoie-se agora. A única forma de alterar o *script* de repetições é a autorresponsabilidade. Esperar que o mundo faça o que eu não faço por mim é armadilha codependente que mantém o padrão, muitas vezes repetido por vidas e vidas. Não há lugar para vítimas na quinta dimensão. Ser verdadeiro consigo mesmo é liberar quaisquer expectativas externas para se concentrar na autorresponsabilidade.

Por fim, todos nós, em algum momento, nos rebelaremos de alguma forma na busca da verdade essencial. Não há como encontrar a essência sem sermos subversivos. O caminho de si mesmo requer muita autofidelidade. Alguns já desenvolveram essa habilidade em vidas passadas, outros precisarão desenvolvê-la. Muitas vezes, teremos de renunciar à apreciação alheia para seguir o chamado interior. Isso é bem desafiador, principalmente em relações codependentes. Em relacionamentos mais ressonantes, costuma haver consonância entre as motivações individuais. Mas, mesmo assim, por mais afinada que seja a relação, haverá momentos de divergências. A negociação na quinta dimensão não é concessão. Esta soa como abrir mão de si para que o outro fique confortável. A questão é que a concessão pode virar um padrão, no qual uma das partes recebe mais do que dá. O que cede constantemente acredita que é mais bondoso ou até mais evoluído, mas, na verdade, renunciar, com frequência, a própria vontade é sinal de que há uma criança interior abandonada. Servir permanentemente o outro, em uma autonegligência, vai criando ressentimentos e raivas inconscientes que se manifestarão como sintomas físicos ou emocionais. Claro que em relacionamentos saudáveis há renúncias. Porém, se estas se tornam um padrão ou se violentam partes internas, haverá consequências dolorosas, que podem nunca ser percebidas como decorrência das autoviolações.

Vamos entender bem: não estou dizendo que cada um tem de fazer tudo o que quer. Isso não funciona em relacionamentos ou em grupos. A questão é observar se estamos abrindo mão de algo que realmente não é importante. É muito comum deixar de fazer o que a essência está pedindo para servir ao casamento, à família ou ao grupo. Pode ser um bom treinamento perguntar: quem dentro de mim quer isso?

Ouvir a criança interna, bem como atendê-la, é saudável e curador. Porém, satisfazer tudo o que ela quer é ser um adulto tirano. Relações opressoras são decorrentes de crianças internas sem limites. Essas pessoas se relacionarão com as/os "boazinhas/bonzinhos", que se alienam de si mesmas/os para ter a ilusória sensação de obter o amor do outro. Relações descompensadas criam emoções tóxicas. E a constante exposição a estas criam doenças. Mas o pior é quando servir constantemente a algo ou alguém implica restringir a expressão do propósito de vida. Relembrando aqui que propósito não é algo messiânico, mas está expresso em ações cotidianas, em que nossas qualidades essenciais são expressas no ambiente. Então, se não fazemos ou expressamos o que somos, nosso ego humano se separa da alma. Abandonar a criança interior ou a própria alma para servir o outro não é bondade, mas medo. É por medo que o autoabandono acontece: medo da punição, da perda do afeto, da exclusão do grupo, entre outros.

Então, o caminho é reconhecer e acolher as partes internas. Quando amamos nossa equipe interna, não conseguimos abandoná-la. Os relacionamentos tornam-se mais saudáveis e construtivos. Assim, deixamos de fazer constantes concessões para fazer ressonâncias harmônicas. Nestas, ninguém precisa abrir mão de si e todos saem satisfeitos. Elas são bem simples: eu quero A, você ou o grupo quer B, então encontramos o C, que pode ser melhor que A e B. Por exemplo: um quer comer massa, o outro quer carne, então, encontra-se um restaurante que ofereça ambos. Esse exemplo foi fácil. Mas quando não é possível caber o desejo de ambas as partes, daí há a negociação. Se um quer ir para a praia, o outro quer ir para o campo e não se encontra algo que poderia integrar ambas as intenções, então, pode haver uma negociação de ir um fim de semana para o campo e outro para a praia. Quando o desejo de um é grande e o outro não tem algo imprescindível, não há problema algum em agradar o outro. Quando o agrado vem do amor da essência e não da máscara do bonzinho, há uma satisfação na alma em servir. A doação genuína dispara hormônios da felicidade e preenche nossos corações. Ficamos felizes com a felicidade de quem amamos. Dar presente pode ser tão ou mais prazeroso que receber. Logo, relacionamentos e grupos felizes são aqueles em que todas as partes se enxergam, mas também percebem os demais. Dessa forma, as negociações são feitas para o bem do todo.

A consciência da quinta dimensão prioriza o melhor para o todo, sem negligenciar a si. É a integração entre a autofidelidade e o bem do todo. A rebeldia da essência permite recuperar alguma parte injustiçada. Já a rebeldia egoica pode ser um padrão de revolta. Como não nascemos ou fomos criados e educados em modelos perfeitos de quinta dimensão, então, temos partes internas que não foram atendidas. Assim, podemos ter momentos na vida em que iremos nos rebelar, a fim de caminhar para um maior alinhamento.

Não cabe entregarmos aos outros o atendimento às nossas partes. Tampouco lamentarmos pelo que fizeram ou não conosco, paralisando no caminho da vida. Nosso eu adulto se responsabiliza se escutando e se atendendo. E algumas vezes atender a si requer contrariar a vontade egoica do outro. O ser essencial faz o que precisa ser feito. Custe o que custar, quando a intenção da ação é legítima da alma, não conseguimos abrir mão quando estamos na frequência da quinta dimensão. Viver nessa vibração é felicidade genuína, porém estabelecer raízes nessa frequência requer um árduo caminho de prática da independência. No início do caminho em direção ao ser essencial, pode haver momentos de medo de perder e solidão. Mas logo voltamos para o acolhimento de nossa própria essência. Há quem diga que o caminho espiritual é solitário. Mas existe algo mais solitário que o autoabandono? Quando deixamos de ser quem somos para nos adaptarmos, nos abandonamos. O autoabandono cria um sentimento de abandono. Quando deixamos de ser, para ilusoriamente pertencer, criamos um desprezo por nós mesmos que, por ressonância, atrai esse mesmo sentimento. Não existe desprezo sem o autodesprezo.

O caminho para sairmos da autosseparatividade é mais que aceitar quem se é, mas honrar quem se é. Essa honra inclui total autofidelidade. Quanto maior é o autoapoio para sermos e expressarmos quem somos, mais aumentamos o amor por nós mesmos. É uma ilusão deixarmos de ser para recebermos amor, porque é justamente nessa dinâmica que nos tornamos carentes. A carência sempre vem do autoabandono. Quem está consigo mesmo nunca sente abandono. Ainda que o outro abandone, não sentimos desamparo quando não nos abandonamos. Ainda que o outro nos ataque, não sentimos o ataque quando nos legitimamos. Quem sabe quem é não se desconstrói negativamente com o que vem do outro.

Só nos sentimos feridos ou atacados quando já tivermos feito isso conosco. O autoamor é a única proteção contra abandono, rejeição ou ataque. Nunca é o outro ou o mundo que nos fere, mas nós mesmos quando esquecemos quem somos. E é sempre o medo da não aceitação que, ilusoriamente, ameaça a retirada do amor, que faz com que rejeitemos partes de nós. A vergonha é um sinal de alarme, que costuma aparecer bem cedo na vida, dizendo que não estamos nos apoiando. Sentimentos como vergonha, culpa, rejeição e medo vão nos roubando de nós mesmos. Quanto mais valorizamos o que vem de dor em direção a nós, mais vamos nos tornando reféns. E quando queremos controlar o outro para que ele seja ou faça o que é confortável para nós, também estamos indo contra a verdade da vida, colaborando com a repressão da essência. O mais lamentável é que o padrão de controle ao outro é o que mais existe nas relações. Quem pensamos que somos para definir o outro? O pior é que há muitos terapeutas, psicólogos e psicanalistas que trabalham exatamente na desconfirmação do outro, querendo defini-lo a partir de si mesmos. Além de criar codependência, trazendo respostas e definições para o cliente, tais profissionais estão prestando um desserviço ao planeta. Não é por mal que eles fazem isso, mas por também terem sido definidos pelo externo. Profissionais codependentes terão relações codependentes com seus clientes. Existe coisa mais ilógica que aconselhamento terapêutico? O conselho vem do ego. Somente nossa própria essência possui a verdade sobre nós mesmos. O papel do terapeuta é facilitar que o cliente reconheça seu inconsciente para liberar o que ele não é, e facilitar para que este reconheça e apoie quem é.

Quando damos crédito para o exterior, vamos criando codependência. Depender do externo para se sentir bem ou mal ou para agir é um padrão bem antigo criado pelo ego que precisa ser aceito. Dar crédito ao exterior ou nos apoiarmos é a escolha que temos de fazer. A questão é que é mais fácil ficar na zona de "conforto", que eu prefiro chamar de zona de desconforto, com máscara de aparente conforto, que correr o risco de ser e agir com base na própria verdade interior.

Cada ser essencial é único, há padrões em comum, mas o propósito é individual. Não há padrões sobre alimentação, vestimenta, em como se divertir, de sexualidade, de expressão emocional, de crenças e pensamentos, e assim é para tudo. Cada ser é o que é, quer o próprio ego goste ou não. O que é apropriado para cada um é simplesmente o que é ressonante. Alimento que ressoa com uma pessoa não vai ressoar com outra. O que faz bem para um pode fazer mal para o outro; e o que é maléfico para um pode ser benéfico para o outro. E assim é para tudo. O inapropriado é não ser. Mas para sermos a totalidade que somos em tudo e em todas as áreas da vida, precisamos de autoamor e autoapoio absolutamente incondicionais.

Quem sai do padrão ou vai além do universo conhecido costuma incomodar. E isso acontece desde que somos crianças. Os pais costumam não apoiar as diferenças de seus filhos. Se ele fala alto e um dos pais é inibido, possivelmente ele será repreendido por esse tipo de manifestação. Assim como se o filho é introvertido e um dos pais é extrovertido, há o risco da não aceitação desse aspecto do filho. O humano é naturalmente egocêntrico e tende a não aceitar o que é diferente de si. Quaisquer diferenças tendem a não ser bem recebidas pelo meio. É um treinamento que temos de fazer para fluir aceitação diante de quaisquer diferenças que se apresentem para nós. Mais que aceitar, é respeitar que: o que é, é o que é; e o que está, é o que está. Quem somos nós para não aceitarmos a vida? Vamos acolher o nosso ego que se incomoda com o diferente, fluindo amor para ele para podermos amar o todo. Enquanto não amarmos tudo o que existe, estaremos incompletos em nossa divindade.

Revolução – Libertação

A revolução que teremos de fazer diz respeito a desconstruir tudo o que for necessário para realizarmos a passagem para a essência. A revolução não é externa, mas se faz dentro de nós. Não estou depreciando movimentos de contracultura ou rebeliões justas, só estou enfatizando que se não houver mudança interna, não contribuímos para uma mudança social verdadeiramente benéfica para o todo. As rebeliões que acontecem no externo tendem a beneficiar só uma parcela da sociedade. A mudança externa em direção ao bem do todo deve começar internamente em cada indivíduo. Não será possível vivermos em uma sociedade melhor sem sermos pessoas melhores. Como querer a paz, se não somos paz? Como querer amor, se não somos capazes de amar além das diferenças?

A revolução da quinta dimensão nos faz mergulhar profundamente em nosso inconsciente para liberarmos o que não é nossa verdadeira ressonância. Sem a rebelião legítima, que consiste em separar internamente o que é ressonante do que não é, não há mudança. A evolução é consequência da revolução: ficar com o que é e liberar o que não é; esse é um processo natural da vida. Deixar de ser semente para ser broto, para depois envelhecer e morrer, é o fenômeno da natureza divina que acontece com tudo na vida. Todos os nossos sonhos, projetos e anseios passarão por esse processo. O medo vem da identificação egoica na qual nos apegamos em uma das fases. Quanto mais nos reconhecemos em alma, menos nos identificamos com o nível humano e, consequentemente, menos tememos a vida, mas fluímos com ela.

O apego gera medo e dor, porém, mais do que isso, eles paralisam o processo evolutivo. É comum o apego às crenças, aos padrões emocionais e comportamentais. Mas revisar nossas definições é tarefa constante. O comum é o apego, contudo, o natural é o desapego. Apegar-se é ir contra a corrente da vida. Mas, também, a não estruturação é sabotar a vida. O processo saudável consiste em estruturação e revolução. Construir e desconstruir são as polaridades naturais da existência. Há aqueles que têm dificuldade em estruturar e outros em soltar. Não estruturar também é não realizar, que implica não ancorar os propósitos da alma na Terra.

Fazer para deixar morrer é a lei da vida, mesmo que nosso ego não goste disso. O desapego de crenças e padrões é um processo natural. Entretanto, o que atrapalha tal processo é o medo. Liberar partes da identidade que nos define é desafiador. Formamos uma identidade egoica baseada no meio em que vivemos. Quando crianças, definimo-nos a partir do campo familiar e depois, no decorrer da vida, vamos nos definindo pelo social. Os pais irão definir os filhos com base no que enxergam neles a partir de sua própria subjetividade. A história dos pais será refletida na identidade de seus filhos. Os pais que são mais conectados com a essência poderão enxergar mais a alma de seus filhos, além de suas percepções subjetivas. Mas ainda assim, o ego dos pais contribuirá para a formação da identidade dos filhos.

Quanto maior for a identificação com o nível humano, mais o nosso sentido do eu será embasado nesses campos. Quando nos definimos mais pela alma, esses campos terão menos influência sobre nossa autodefinição. Independentemente de sermos mais ou menos formados por definições externas que internas, a vida sempre nos convidará para caminharmos em direção ao que somos. Ela dará sinais, que surgirão pelas circunstâncias externas e intuições, que são provenientes da nossa própria alma. Quando nosso humano possui maior intimidade com a alma, então é capaz de enxergar os sinais e ouvir a intuição. Mas, ainda assim, circunstâncias desafiadoras no externo surgirão para caminharmos mais para quem somos verdadeiramente.

A questão é que quanto mais próximos estivermos de quem somos em essência, por menos atribulações externas dolorosas teremos de passar. Quando o sinal não é visto e a intuição não é ouvida, algo externo terá que se movimentar ou quebrar para chamar a atenção do humano para a essência. Não é que, quando estamos mais alinhados com nosso ser essencial, circunstâncias desafiadoras externas não aconteçam. Chegar a esse alinhamento já significou um caminho de desafios. A fidelidade a si mesmo, em detrimento do meio, é um caminho absolutamente desafiador. Desafios aparecem para todos com o propósito de seguirmos a luz. Mas quebras, situações traumáticas e dores tendem a surgir mais quando o indivíduo já esqueceu quem ele é. Dificuldades surgem para todos, elas só são mais dolorosas quando estamos mais afastados de quem somos.

Quem se aventura a explorar o mundo corre o risco da punição, tanto no campo familiar como no social. Muitos na história da humanidade que foram além receberam algum tipo de punição: Jesus Cristo, Galileu, Joana d'Arc, Allan Kardec, Reich, Osho, entre outros... E quem não foi punido não foi aceito por uma parcela da sociedade quando trazia a diferença. Como Sigmund Freud, que não foi bem-visto pela classe médica quando trouxe a ideia de que não dominamos nossa vida pela vontade consciente, mas somos dominados e agimos pelo inconsciente. Toda vez que o narcisismo egoico é ameaçado, há repreensões: a Terra não ser o centro, o homem não agir pela vontade própria, sermos um produto evolutivo do macaco (teoria indefinida)...

O que trazia mudanças profundas de paradigmas nunca foi bem aceito pela humanidade. O que explicitava a diferença e a quebra de padrão também não, como Oscar Wilde, escritor e poeta irlandês, preso inclusive por sua homossexualidade. Foi um grande nome literário na história britânica, mas, no final de sua vida, recolheu-se em Paris, escrevendo com um pseudônimo. Uma de suas frases que ficou para história: "Para ser popular é indispensável ser medíocre". (Não que seja assim nos dias de hoje.) Na quarta dimensão, há espaço para novos paradigmas. Eis aí a Física Quântica dizendo que não somos matéria, que tudo é imprevisível, que o controle paralisa o movimento, entre outros novos conceitos. O mundo está aberto para o novo, simplesmente porque entramos na dimensão da verdade. Há espaço para a expressão da verdade no nível individual e coletivo.

Há uma alegria tão grande da alma em aceitar o propósito de sermos quem somos, que qualquer contra-ataque ao ego torna-se muito pequeno. Não nos importamos com pequenos incômodos e desafios que surgem como consequências de caminharmos em direção ao que somos. Quanto mais somos quem somos em essência, mais nos tornamos felizes. Tal felicidade é genuína e independe totalmente do que esteja acontecendo no lado externo. Podemos estar passando pela dor, mas felizes. Ainda que estejamos no conflito ou em qualquer tipo de desmoronamento da vida, ainda assim podemos ser felizes. Encontrar felicidade apesar das atribulações é qualidade do humano ancorado em sua alma.

Quem Eu Sou? De Onde Vim e para Onde Vou?

Somos partes da consciência da totalidade que se separou para que pudéssemos experimentar todas as condições humanas, a fim de que, por meio delas, conseguíssemos despertar de modo consciente nossos aspectos divinos. Separamo-nos da fonte para retornarmos a ela com a consciência de que somos Deuses. Tomando o pensamento oriental: "a consciência se faz pelo contraste". É na dualidade que podemos experimentar a polaridade para evoluir. Não teríamos consciência do que é noite se não houvesse o dia: seria uma coisa só. Da mesma forma, não teríamos consciência do bem essencial se tivéssemos permanecido apenas na plenitude da fonte em que estávamos.

No retorno à fonte não há mais individualidade, mas somos um com tudo o que existe. Somos a essência de tudo o que existe, viemos da fonte divina e para ela retornaremos quando nossa tarefa for cumprida nesta existência. Mas não voltaremos da mesma forma que saímos dela. Saímos da inconsciência de nossa divindade, passamos por vidas e vidas para relembrarmos quem somos e retornaremos conscientes a ela.

Quem eu sou, de onde vim e para onde eu vou? Essas perguntas fazem parte do caminho humano. É comum, em algum momento da vida, o homem fazer essas indagações. Aqueles mais alinhados com a própria essência farão seus questionamentos cedo na vida. Para estes, haverá uma inquietude diante dessas perguntas. Outros estarão tão identificados com o nível humano que não realizarão essa busca. E, muitas vezes, rejeitarão aqueles que caminham para serem quem são. Se somos seres essenciais, divinos e maravilhosos, por que tantos temem ser sua verdade? Porque nossa identidade egoica é parcialmente construída em cima do que não somos. E ser quem se é consiste em desconstruir o que não é. O medo está no desapego. Mas isso acontece quase sempre de forma inconsciente. E, para alguns, a desconstrução da identidade é sentida como uma morte.

Viemos para a Terra de outros sistemas, frequências ou dimensões. Como dizia Jesus, a casa de meu pai tem várias moradas. Alguns se adaptam bem à Terra. Outros trazem tão fortemente sua origem divina, que têm dificuldade em se adequar à vida terrena. Para saírem da angústia de se sentirem estranhos, passam a construir urgentemente uma identidade egoica com base no que é oferecido pelo meio. A necessidade de pertencimento para alguns é tão emergencial que precisam se definir a partir do que é cedido pelo ambiente, como já foi explicado neste livro.

Há aqueles que não conseguem se adaptar tão facilmente à identidade humana e poderão sentir por toda a vida um sentimento de inadequação, como se houvesse algo errado com eles. Tal sentimento gera uma forte ansiedade decorrente, principalmente, do medo de não serem aceitos. Não ser amado é o maior medo humano. O ser humano irá fazer tudo para ter a sensação interna de ser amado. O problema maior é que quase ninguém acredita que pode ser amado sendo quem se é. Máscaras e máscaras serão colocadas desde bem cedo na vida na corrida pelo amor. A questão é que quanto mais se corre atrás do amor, maior é o afastamento de si mesmo e, consequentemente, menor é o autopertencimento. Para sair da angústia, o homem passa a pertencer aos grupos, à família, aos ambientes sociais, ao planeta, mas, muitas vezes, esquece o mais importante, que é pertencer a si mesmo. Não se pertencer traz um profundo sentimento de abandono, porque o único abandono real que pode verdadeiramente nos ferir é o desamparo com nós mesmos. E para sair de tal sentimento, o humano precisa criar mais pertencimento externo, afastando-se ainda mais de si.

É uma grande ilusão acreditar que pertencemos a algo que não seja nós mesmos. Nosso humano só pertence de verdade à sua própria essência. Quando damos as costas para quem somos para tentarmos ser o que acreditamos que será mais bem-visto, então, essa autotraição terá um alto preço a ser pago. Nada do que possa acontecer externamente poderá trazer uma felicidade consistente para os que se abandonaram. O humano correrá mais e mais atrás de sua felicidade, sem saber que cada busca externa o separa mais de sua essência. Nesses casos, o humano tem duas opções mais comuns: reforçar mais e mais a máscara do "tudo bem" para não haver a menor desconfiança de que há algo bem errado com a sua vida; ou permanecer como vítima, atribuindo ao externo suas frustrações.

O humano não fará nenhum movimento em direção a si mesmo se a terceira dimensão construída estiver inabalada. São as rachaduras da vida construída que podem mover o indivíduo de volta para si. Inconscientemente, estas são provocadas pela alma que anseia voltar. Para aqueles que não se identificam com facilidade com o humano, por trazerem mais fortemente o registro de sua origem divina, pagarão o preço de serem quem são. A questão é que não ser é um preço pago em toda a vida, e ser quem se é consiste em desafios dolorosos, mas a recompensa é certa. Os mais fiéis a si mesmos podem sentir que não pertencem aos lugares e às situações, que são estranhos ou inadequados. Podem não se adaptar facilmente às crenças do campo familiar, ao ambiente escolar, aos grupos da adolescência e, na vida adulta, aos ambientes sociais. Os que não se encaixam podem permanecer a vida toda tentando separar-se das pessoas, ferindo assim o seu humano, porque nos ferimos quando rejeitamos os humanos. Porém, quando estes cessam de rejeitarem a si, a vida e as pessoas, começam a encontrar a essência. O inverso também acontece: a chegada à essência nos harmoniza com o todo.

Ainda que soframos desaprovações por caminharmos para sermos de fato, quem somos, estaremos mais felizes. E quando chegamos à essência do nosso ser, realmente não nos importamos com reprovações ou rejeições externas. Há uma felicidade tão grande em ser quem se é, que nada pode nos tirar deste lugar. Quem nasceu na terceira dimensão terá de fazer um grande trabalho para sustentar ser quem se é. Os nascidos a partir dos anos 1990 já terão mais facilidade, por conta da quarta dimensão, de serem mais quem são. Mas, mesmo assim, claro, há sempre muito a desconstruir.

O caminho em direção ao ser é absolutamente compensador. Quando nos reconectamos com nossa própria essência, além de nos nutrirmos de nós mesmos, ainda não perdemos energia diante de críticas, hostilidades ou rejeições. A conservação da própria energia possibilita ainda mais a autonutrição, que nos move mais para nossa própria essência. Mesmo que a criança ferida sinta algum desconforto, logo a essência assume o comando e sentimos de verdade que está tudo bem. Geralmente, quando as pessoas falam que não se importam com o que os outros fazem para elas, é porque a máscara está bem reforçada.

Autossuficiência é um caminho no processo para a independência. Mas não estar nem aí com o que os outros pensam quase sempre é sinal de um ego defendido. Quando estamos na essência, não nos importamos, porque nossa parte ferida conta com o amor do nosso ser essencial e não precisa do amor de todos. Mas poucas pessoas estão nesse lugar. Não é se tornar inabalável pela máscara do ego, mas pela profunda parceria consigo mesmo.

Muitos sentimentos e dinâmicas negativas são curados quando retornamos para quem somos. Deixamos de ter rejeição, porque a base do sentimento de rejeição está na autorrejeição. Deixamos de sentir abandono quando não mais nos abandonamos. Deixamos de sentir ciúmes, porque sabemos que passamos a ser amados pelo ser essencial que somos; e que a única garantia de amor de que precisamos é de nós para conosco. Deixamos de ter inveja, porque estamos satisfeitos com a vida que criamos. Não queremos ser o que não somos nem queremos ter o que não nos pertence. Além disso, reconhecemos que cada qual atrai tudo o que tem pela ressonância e pelo propósito.

E o mais importante: quando somos nossa essência, podemos ser um com o outro. Saímos da busca de ter o outro para sermos com ele. Possuímos individualidade, não nos misturamos como na codependência, mas nos unificamos. Ser com o outro, essência com essência, é absolutamente preenchedor, enquanto a busca de ter o outro é esvaziadora, porque, nesse caso, o autoabandono já aconteceu. Quem quer possuir ou controlar o outro é porque não sabe quem é. E, consequentemente, também não sabe quem é o outro. O ser essencial ama a tudo e a todos, pois esta é nossa natureza divina. Amamos verdadeiramente e não queremos que o outro não seja quem ele não é. O amor é o antídoto contra o mal mundial. Mas o ego não é capaz de amar. O ego precisa controlar para obter segurança. O ego julga, exclui, rejeita. Fazem parte da sua dinâmica essas atuações. Não há nenhum problema com o ego

Essa instância psíquica vive desesperada em busca do melhor para nós. O problema não está no ego, mas na crença de este ter vida própria e atuar na vida a partir da separatividade. O ego precisa sentir o amor incondicional da essência para ceder. Somente com o autoamor incondicional, que só pode vir da essência, o ego pode alinhar-se com ela. Quando ego e essência se alinham, então, revivemos ser um com Deus. A partir daí, podemos amar. O amor é a cura de tudo. Mas amor não é o que se fala de amor. Em geral, quem fala é o ego. O amor simplesmente é a vibração natural da essência. O amor da essência é capaz de ver, além das sombras, a beleza de tudo o que existe.

A essência é a cura de todos os males individuais e coletivos. A cura mundial está em cada um ser quem é. Não melhoramos o mundo, reforçando com nossa visão o que há de negativo nele. Não ajudamos as pessoas enxergando suas sombras, mas reconhecendo sua luz. Não resolvemos os problemas estando envoltos neles. Não curamos o negativo pensando no negativo, mas indo para o andar de cima. Precisamos nos mover para o ser para podermos ver. Apenas a essência é capaz de ver e responder dentro da verdade ao que está acontecendo. Mover-se do olhar do eu pessoal para o ser transpessoal é o treinamento para ancorarmos a quinta dimensão neste planeta.

O ser essencial é a única direção. Pode haver vários caminhos para a chegada a esse lugar. Mas a direção é uma só. A distorção mais comum do caminho espiritual é buscarmos um Deus fora de nós. Não existe nada que seja criado em nossa vida aleatoriamente, sem o consentimento de nossa alma. Não estamos à mercê de forças alheias a nós mesmos. Nosso ego humano nada controla. Este, sim, está à mercê de forças invisíveis e incontroláveis. Mas a alma sabe de tudo e consente, como Deuses que somos, que tudo aconteça para caminharmos para o bem do todo. Ainda que nosso ego humano nada entenda, a alma sabe que está tudo bem, sempre. O ancoramento em nossa alma nos concede uma vida de paz, independentemente de todas as turbulências externas.

Tudo o que aconteceu, acontece e acontecerá serve ao propósito de retornarmos à nossa própria divindade. A rendição do ego ao comando do nosso eu superior é o lugar aonde todos nós chegaremos nesta ou em outra existência. A frequência da quinta dimensão instalada na Terra é a oportunidade. Vibração verdadeira despertando a verdade.

Integração e Pertencimento

Na terceira dimensão, adaptação significa encaixar-se no meio existente. O ego humano tem necessidade de pertencimento e, para isso, muitas vezes, precisa se adaptar para ter o sentimento de fazer parte. O primeiro triângulo traz a necessidade de pertencer a uma tribo, que pode ser o campo familiar ou o ambiente social. A motivação de pertencimento do primeiro triângulo é embasada na busca da segurança. Registramos em nosso campo, principalmente ancestral, que estar em bando pode preservar a existência física. O segundo triângulo tem necessidade de se sentir afetivamente pertencente. Sabemos que bebês que não sentem nenhum afeto não sobrevivem fisicamente. Temos no segundo triângulo a necessidade de sermos amados. Quando não sustentamos por nós mesmos nossa segurança do primeiro ou nosso autoacolhimento do segundo triângulo, então, buscamos fora esse preenchimento.

No terceiro triângulo, nos sentimos pertencentes quando nos reconhecemos importantes. Sentir-se importante quase sempre está condicionado a algum reconhecimento externo. A busca da importância no nível do ego está sempre fadada ao fracasso, porque este nunca está satisfeito. Quando reconhecemos que somos importantes e que todos também são, nos libertamos desse desejo de reconhecimento externo. O sentimento de autoimportância só pode ser sustentado no nível da essência. O ser se reconhece importante porque ele é único e divino, e nessa consciência, é capaz de reconhecer a grandeza dos outros seres. Superamos a oscilação da superioridade e da inferioridade egoica quando sabemos quem somos em essência. Saber quem se é traz a libertação da busca da aprovação.

Quando temos a segurança do primeiro, o autoamor do segundo e o sentimento de importância do terceiro triângulo, então, temos a sensação de pertencermos a nós mesmos. A falha nesses triângulos básicos leva o indivíduo a adaptar-se para pertencer. A busca de receber de fora pode afastar o indivíduo ainda mais da possibilidade de autopertencimento.

O sentimento de exclusão, de não fazer parte, de se sentir fora, pode ser não só um registro emocional de rejeição, mas também um reflexo de uma desintegração do eu divino com o eu humano. Se nosso humano não se sente fazendo parte do nosso eu divino, podemos projetar externamente esse não pertencimento. Claro que não se sentir fazendo parte pode ser um sinal de que estamos em um contexto dissonante da nossa vibração. Nesse caso, podemos intencionar fazer uma ressonância harmônica com as pessoas, o lugar ou o ambiente para podermos estar com qualquer indivíduo sem perturbar nosso campo. O ser essencial pode estar perto de qualquer outro ser. Os egos é que podem não suportar os egos, mas em conexão com a essência podemos ficar em paz com tudo e com todos.

Quando não se sentir aceito ou pertencente é algo frequente, então, esse padrão está denunciando uma autosseparação. Quando somos separados de nós mesmos, também sentimos a separação fora de nós. Quando essa separatividade é acentuada, os seres podem ser enxergados como opositores e não como colaboradores para as nossas vidas. O que enxergamos é o que atraímos. Nada no externo está acontecendo ao acaso. Tudo o que está me cercando diz algo de mim. Nada se manifesta no mundo da forma para nós sem que haja ressonância. Tudo o que vimos, ouvimos ou experienciamos, de melhor ou pior, diz respeito a nós mesmos. Por essa razão é que a sutilização do campo energético faz com que a pessoa vá deixando de assistir a programas e noticiários densos. A sutilização afasta a densidade negativa.

O humano anseia pertencer, porém distorce esse sentimento negando partes de si para de modo ilusório fazer parte de algum campo. O fato é que quanto mais caminhamos para sermos, mais remamos contra a maré social. Porque a maior parte dos sistemas que compõem a vida social não estão dentro da verdade. Para que fazemos esforço para pertencer ao que não é ressonante com a nossa essência e ainda pagando o preço do autoabandono? Porque aprendemos desde crianças por ameaças de retirada de afeto, diretas ou indiretas, que se não nos adaptamos ao campo familiar, escolar e social, corremos o risco de sermos abandonados. Mas é justamente o contrário. Negar partes de si para pertencer é o que cria o sentimento de autoabandono, como expliquei anteriormente. Forma-se, assim, um círculo vicioso. O autoabandono cria mais necessidade de acolhimento externo que, muitas vezes, leva a mais abandono ainda.

A economia no formato capitalista da distorção da terceira dimensão sobrevive da criação de falsas necessidades. O humano afastado de si acredita que obtendo determinados produtos ou frequentando determinados lugares irá conquistar pertencimento. O problema não está na riqueza. Inclusive há muitos preconceitos separatistas em relação aos ricos. A questão é nos cercarmos do que verdadeiramente ressoa com nossa alma. Há pessoas que têm ressonância com um vinho mais caro. Então, nesse caso, está dentro da verdade ela pagar mais para ter o mais ressonante. Mas, na maioria das vezes, pagar mais por um produto ou para estar em determinado lugar é uma escolha do ego, que precisa sentir-se pertencente ou especial. Essa ilusão egoica pode fazer com que pessoas percam dinheiro e energia por quererem ter ou estar com o que não é ressonante com a sua alma. O problema não é ir a lugares ou consumir produtos que sejam caros. A questão é estarmos na nossa verdade. Se você tem um padrão financeiro elevado, mas está na ressonância de comer um lanche no bar da esquina, o ego não vai fazer isso? Não atendermos às nossas demandas internas vai criando falta. Não é que vamos atender a tudo o que a criança interna quer, mas vamos fazer uma boa negociação entre todas as partes para seguirmos a escolha mais ressonante.

O caminho para o pertencimento é interno, assim como tudo o que queremos ocorre de dentro para fora. O suprimento dos três primeiros triângulos move naturalmente o ser para o pertencimento do seu corpo à sua alma. Tal processo é acionado pela chegada da maior quantidade de energia no quarto triângulo, quando o indivíduo passa a se reconhecer não só como humano, mas também divino. O quarto triângulo é o intermediário entre os três inferiores e os superiores. É uma passagem. Quando o quarto triângulo se fortalece, o indivíduo passa a acessar com mais facilidade os triângulos superiores. Amplia a verdade do quinto, o amor do sexto e a entrega espiritual do sétimo.

A ativação de todos os triângulos acontece quando a alma e o corpo estão alinhados e, ao mesmo tempo, a integração do divino e do humano energiza todos eles. Essa ativação e integração consistem no retorno do indivíduo à sua própria casa. Reconhecido por Jung como o alcance do *self*, a chegada do humano à essência é nosso único pertencimento verdadeiro. Pertencer ao cosmos, a Deus, à totalidade, à essência maior é a verdade que nos liberta. Tudo mais é ilusão de pertencimento.

A adaptação na quinta dimensão não diz respeito a se encaixar para pertencer a algo ou a alguém. Adaptação é ao fluxo, sem perder nada da alma, mas cedendo o ego, flexibilizamos para fluirmos com a vida. A adaptação da terceira dimensão pode perder partes da alma, não sendo totalmente quem se é para ilusoriamente pertencer. A adaptação da quarta dimensão para cima é perder por meio do desapego egoico, a fim de verdadeiramente pertencer. Eu sou e, por ser, sei quem sou e naturalmente faço parte de uma totalidade. Experimentamos amor e apoio incondicionais que facilitam a confirmação de nosso ser essencial como parte e expressão no mundo.

Imprevisibilidades na Quinta Dimensão

A vida não ocorre mais numa espécie de "quadrado". Ela é circular, espiral... A imprevisibilidade é inerente à existência. Não há como separar a vida do imprevisto. Se você apostar com o universo que seu dia será como está imaginando, em pelo menos 95% das vezes você vai perder. Raramente se ganha essa aposta. Se você é uma pessoa muito alinhada com o seu ser e, naturalmente, com o universo, então, tem intuições e percepções de possibilidades. Precisamos educar a nossa mente para a nova dimensão, a fim de obtermos prazer com a surpresa. O imprevisível é visto pela mente rígida como negativo, quando, na verdade, muitas vezes, o universo surpreende para o caminho mais satisfatório, por ser o mais ressonante. O mais ressonante com a essência é o melhor para o nosso ser, entretanto, o ego pode não identificar o ganho positivo no imprevisto, porque o ego tem dificuldade de desapegar do que intencionou nas pequenas ou grandes questões da vida. Nossa mente humana não sabe o que é melhor para nós. Mas nosso ser superior sabe de tudo, em parceria com o universo.

Então, a mente serena é a mente holográfica, que se abre para o universo de possibilidades, fluindo com a vida. A mente linear da terceira dimensão está sempre conectada com a frustração. Viver na mente linear pode representar uma vida de sofrimento. A teimosia é uma grande sombra da terceira dimensão, que traz muito desperdício de energia, além da possibilidade de ferir o próximo.

No nível pessoal, não existe verdade absoluta, somente na essência. Assim, nosso ego se apega a "verdades" que acredita, e perde muito de ser e de receber mais plenitude, por ter se limitado em sua pseudossegurança. No nível pessoal tudo é mutável. Ressonância é a lei básica do universo. Tudo se une e se manifesta a partir desse princípio. Não atraímos absolutamente nada que não esteja em ressonância com o nosso campo energético. Este inclui nosso corpo físico, o inconsciente, o campo emocional, mental e espiritual. Atraímos situações e pessoas por ressonância de luz e sombra. E, muitas vezes, a atração acontece por ambas, como no caso de relacionamentos íntimos.

Se a força da ressonância é imperativa, há pouco poder no planejamento. A intenção proveniente da essência tem força, porque está colocando um foco legítimo. Quando somos mais conectados com nosso ser essencial, então, nossa vontade individual está alinhada com a vontade divina. Já o indivíduo que vive mais no nível pessoal, egoico, terá mais frustrações em seu caminho, pois muitos de seus planos não acontecerão, porque não estão de acordo com o fluxo do universo. E ainda que a vontade do ego seja atendida, a satisfação pode ser bem transitória. Claro que precisamos ter intenções e foco, mas não nos apegarmos a nossos planos. O planejamento precisa ser móvel. A flexibilidade é a resposta do humano ao fluxo. Sem essa habilidade, há sempre paralisações ou frustrações. O "tem que" é aprisionante. Tudo em que colocamos: eu tenho que... fazer ou ser; o outro tem que ser isso ou fazer aquilo; a vida tem que ser... nada mais é do que um modo de funcionamento da terceira dimensão. A quinta dimensão representa o seja o que é.

Se as coisas não acontecem como havíamos pensado, podemos nos dar permissão para a abertura de novas opções. Ainda que não saibamos quais são as possibilidades, podemos nos disponibilizar para que elas se apresentem. Aceitar o estado de não saber é possível para a pessoa mais conectada com a alma. O ego não aceita em hipótese nenhuma não saber. Fluir aceitação para a incerteza é sabedoria do ser essencial. O não saber é angustiante para o ego. Somente na conexão com o eu superior podemos aceitar não termos respostas. Não é empurrar com a barriga para que a vida resolva. O tempo não mudará a situação na procrastinação. Mas se estamos em conexão com a essência, em algum momento, teremos a informação do que precisamos fazer. A verdade sobre nós mesmos e sobre a vida vai se revelando progressivamente, e vamos agindo na vida a partir dessas revelações. O indivíduo de fato alinhado é incapaz de ouvir a verdade de sua alma e não agir. Custe o que custar, doa a quem doer, a orientação da essência é imperativa. E já sabemos que o fluxo da essência sempre representa o bem do todo; enquanto ocultar o anseio da alma para ficar mais confortável é prejuízo para o todo. Agir quando sabemos a verdade e aceitar quando temos dúvida refletem integridade e autoamorosidade.

Diante das mudanças internas, estamos constantemente fazendo novos contratos conosco, com a vida e com as pessoas. Assim, as expectativas anteriores que não podem mais ser concretizadas precisam ser completadas. Podemos, em face das mudanças de planos, conversar com nosso ego e trazê-lo para novos caminhos. É importante conversarmos com as antigas expectativas que não podem mais ser correspondidas. Dizer a elas que o fluxo mudou e oferecer à parte de nós mesmos, que gerou essas expectativas, novas possibilidades de preenchimento. Elas não podem simplesmente ser ignoradas, pois tal atitude cria uma relação de autoabandono. Além de seguirmos o novo fluxo, precisamos amparar e redirecionar amorosamente a parte que não foi atendida.

Paralisar o fluxo na teimosia e no apego é não só atrasar o próprio caminho de vida, mas também prejudicar o todo. Nosso ego se ressente quando o outro não age mais como gostaríamos. Ficar no ressentimento, prendendo a própria energia e a do outro, é criar infelicidade. A essência é capaz de promover a abertura para um novo contrato. De tempos em tempos, a vida nos convida a rever nossos contratos de relacionamentos, de trabalho, com nosso próprio corpo, entre outros. Todos os aspectos de nossas vidas sempre estarão em mutação. Quando o ego sente ameaça na mudança, pode tentar congelar a energia, manipulando, oprimindo ou racionalizando para deixar as coisas exatamente iguais. Por um período, ele pode sentir que venceu e perpetuar um pouco mais a situação de aparente conforto, porém o custo energético da paralisação é alto. Prejuízos físicos, emocionais, espirituais ou até mesmo financeiros podem acontecer.

Quando o ego pode ceder e dar permissão para que a vida possa ser como deve de fato, seguindo o fluxo divino, então, o indivíduo sente um ganho maravilhoso, não somente pelo novo que recebe da vida pela atração ressonante, mas também pela própria paz que provém da entrega. A quinta dimensão representa entregar-se ao imprevisível e permitir se aventurar a cada dia; receber o novo dia logo pela manhã com abertura. O melhor que podemos querer na vida é que aconteça o que deve ocorrer. Para as pequenas e grandes coisas da existência, que flua o que for da maior ressonância da essência. Não devemos determinar que o dia seja como o ego quer. Podemos desejar que aconteçam coisas, mas não nos prendermos a esse querer, entregando cada dia para o fluxo da vida.

Há um termo hebraico que se pode dizer pela manhã que traz esta consciência: *Gam zu le tová, cujo significado* é: "tudo é para o bem". Quer dizer, tudo o que acontece está de acordo com o fluxo divino, assim, nos cabe a entrega, a flexibilidade e a abertura positiva para todos os cenários. Diante da dor, da frustração ou do infortúnio, não vamos negar a situação com pensamentos mágicos ou mecanismos de fuga ou negação. Porém, podemos acolher nossa parte frustrada, e nos abrirmos para a experiência e o aprendizado. Ainda que seja dolorido, não há nada que seja ruim, que não traga a semente do bem. O oposto também é verdadeiro. O bom também pode trazer a semente do mal. Para a vida, não importa que algo seja confortável ou desconfortável, mas que aconteça o propósito maior. Só o que verdadeiramente interessa na vida é ser e fazer o que é para ser. Na quinta dimensão, reverencia-se a existência como ela é. Quando nos permitimos a abertura para o imprevisível e o não saber, obtemos mais relaxamento e prazer na vida. Tal estado possibilita ainda mais força para a atração do que é ressonante; enquanto a rigidez bloqueia o fluxo ressonante, o relaxamento expande.

Imprevisibilidades, Evolução e Resiliência

Muitos possuem uma visão negativa da vida, por conta de seu caráter mutável. Que a vida é implacável, imprevisível, incontrolável, todos sabem. A questão é que para ficarmos confortáveis com a existência, precisamos ressignificar o imprevisível. As regras são as mesmas para todos. O que nos difere é a habilidade de priorizar o olhar no ganho positivo, não no negativo.

É inerente à vida construir, destruir e tornar a construir. Temos o planeta Urano em nosso sistema solar, trazendo para a Terra a energia do rompimento. Em nosso mapa astral, promovendo cortes inesperados, temos Plutão, que traz a destruição e a regeneração. E ainda Netuno, que dissolve as estruturas. Os planetas transaturninos sempre, em algum momento e em alguma área de nossas vidas, estão trazendo o fim ou um novo começo.

A vida não é cruel, o humano que possui um narcisismo infantil, querendo dar as cartas num jogo que existe bem antes de nós. Chegamos bem depois e queremos mudar as regras com a ilusão de nossa natureza mental controladora. Somos coconstrutores, contribuintes da continuidade planetária. Influenciamos, criamos e também regeneramos a totalidade. Porém, não temos a menor possibilidade de alterar a regra básica da vida: a EVOLUÇÃO. A destruição é a precondição da evolução. Para evoluirmos, precisamos destruir. Podemos modificar a vida, mas não as suas leis espirituais.

Vamos lembrar aqui o mito de Shiva, um dos três elementos da divindade hindu: Brahma (manifestador), Vishnu (mantenedor) e Shiva (destruidor). Conta o mito que os humanos estavam insatisfeitos com Shiva, pois sofriam com os términos, as finalizações e os rompimentos. Atendendo aos apelos humanos, Shiva desapareceu da Terra. E o que aconteceu foi uma grande catástrofe, pois tudo estagnou e nada mais crescia. Inclusive plantas frutíferas não se desenvolviam, pois as sementes caíam, mas não germinavam. Diante de toda escassez que se tornou o planeta, os humanos imploraram o retorno de Shiva. Então, ele retornou dançando em sua magnitude para a Terra.

É isto: se olharmos para a nossa vida há alguns anos, gostaríamos que ela estivesse igual? A vida nos move sempre para extrair o melhor de nós. Teilhard de Chardin, teólogo e filósofo, que intencionava a integração da Teologia com as Ciências, falava que as passividades, as quais são as condições que nos cercam ou nos acontecem, sempre têm a intencionalidade de nos mover para o melhor de nós. A partir da escolha que fazemos de ancorar nosso ser essencial na vida existencial, o que tiver de ocorrer para nos tornarmos melhores vai acontecer, nos cabe a aceitação e o aprendizado.

As imprevisibilidades também servem para o indivíduo mover-se para uma melhor relação consigo mesmo. Algo imprevisível pode fazer com que aquilo ou aquele que trazia segurança ou energia não esteja mais presente, conferindo a possibilidade de o indivíduo buscar em si a segurança e a força da vida.

Ocultar as regras da vida, as quais nos fazem acreditar em um mundo congelado, estático, no qual a felicidade condicionada é um estado permanente, é esconder-se por trás da máscara da criança ingênua. Muitos acreditam e religiões apoiam a crença de que se faço o bem, coisas boas me acontecem, e o mal é evitado se eu sou uma pessoa boa espiritualmente. Esse é um grande equívoco narcísico.

Ficamos magoados com a vida quando ela não nos atende, negando todo bem que ela nos fez. Os seres humanos são assim, podem receber incessantemente, porém quando há a mínima retenção ou negação de nossos desejos, o indivíduo se rebela, anulando todas as dádivas recebidas. Nos relacionamentos é bastante comum esse padrão. A pessoa recebe muito de seu próximo, mas uma palavra dita ou atitude que desagrada pode anular todo o bem recebido, assim como um aspecto da personalidade do outro pode, para algumas pessoas, anular todo o bem que emana do ser. O ser humano narcisista não é capaz de enxergar a totalidade do outro, mas aspectos cindidos, supervalorizando em alguns momentos o que o desagrada e anulando a magnitude da essência.

Na quinta dimensão, o outro não é enxergado parcialmente a partir do olhar separatista, crítico, linear. Percebemos os seres como divinos, enxergando os aspectos distorcidos do outro como uma oportunidade de maior entendimento de nós mesmos e ampliação da capacidade de compreensão. Nossas diferenças têm o propósito do autorreconhecimento para nos diferenciarmos, a fim de nos tornarmos mais unificados conosco.

A exigência com os seres e com a vida nos afasta mais de nós mesmos, criando mais separatividade com o outro. A vida e as pessoas não são boas ou ruins, mas um reflexo de nosso mundo interno, que reflete não só a nossa ressonância de luz e sombra, como também o cenário exato, composto pela alma em parceria com o fluxo divino, para a nossa evolução. Sofrimentos por si sós não são evolutivos. Em muitos casos, a rigidez do ego pode congelar mais ainda o indivíduo em sua revolta contra a vida. O ego fraco, diante da dor, pode separar-se ainda mais da própria essência, fugindo para estados que o tornam mais esvaziados de si mesmo. O ego forte aliado a uma consciência mais evolutiva pode ceder, lançando o indivíduo para um estado bem melhor do que se encontrava antes de determinado episódio.

A predisposição para enxergarmos a vida como aliada e não como opositora influenciará consideravelmente na intensidade de dor que podemos sentir diante de reveses e obstáculos. De qualquer forma, todos que foram criados em um campo de terceira dimensão não passam para a quarta/quinta dimensão com flores.

Quanto mais aceitamos as pessoas e a vida, menor é o sofrimento. Pessoas sofridas e amarguradas são aquelas que fazem oposição à vida, não aquelas que passam por situações desafiadoras. O indivíduo pode ter passado por perdas importantes e reveses, mas ter uma boa relação consigo mesmo e com a existência. A permanência na essência, independentemente dos fatos, nos confere uma felicidade genuína. As pessoas de fato felizes possuem naturalmente a habilidade da resiliência. Essa é uma habilidade bem ressonante com a quinta dimensão. A resiliência é uma qualidade que tranquiliza nossos corações, e nos harmoniza com as pessoas e com a vida. A quinta dimensão é compreensão e flexibilidade.

A Soberania da Realidade

Quanto maior é nossa autoparceria, mais buscamos estar em lugares e com pessoas ressonantes. O filtro seletivo tende a ficar cada vez mais apurado na busca pela essência. Entretanto, situações não ressonantes sempre surgirão para nosso aprendizado. No início da jornada, o buscador espiritual tende a desprezar as dissonâncias que se apresentam. Faz parte do processo rejeitar a dissonância. O bloqueio está em permanecer nessa fase, combatendo toda realidade não ressonante que se apresenta. Combater o que se apresenta é uma arrogância comum no caminho espiritual. Se em vez de reclamarmos da dissonância apresentada fluirmos aceitação para ela, ficamos mais harmoniosos, e os outros e os ambientes também. Além disso, quando aceitamos, temos maior possibilidade de compreendermos o propósito da configuração manifesta na realidade.

Permanecer combatendo a realidade é desalinhar-se da essência. O indivíduo consciente também não acusa o externo pelo seu desalinho, pois sabe que tudo é autorresponsabilidade, inclusive como escolhemos nos sentir diante dos fatos. O codependente é sempre determinado pelos outros ou pelas circunstâncias.

Um mecanismo comum da vítima é querer o que não é, e rejeitar o que é. A vítima está sempre contra a realidade. Faz parte do nosso caminho, em direção à maior realização da essência, modificarmos o que podemos mudar, mas também fluir total aceitação ao que não podemos alterar.

Amor fati, amor ao fato, termo usado por pelo filósofo Friedrich Nietzsche, que se traduz em amarmos a realidade que se apresenta, é a consciência da quinta dimensão. Em um universo de possibilidades é aquela realidade que se fez presente, então, ela merece ser honrada. Quando nos disponibilizamos a apreciar a realidade como ela é, fluímos melhor com a vida e com as pessoas. Quem combate a realidade está sempre atraindo motivos para continuar combatendo, enquanto quem se dispõe a acolher a realidade como ela se apresenta está no fluxo, atraindo ressonâncias positivas.

Enquanto para o ser alinhado com a essência os acontecimentos desafiadores são formas de oportunidades, para a vítima são infortúnios. Quem espera que a vida esteja em calmaria para ser feliz é porque não é nem será feliz. A paz é uma possibilidade interna, não depende das circunstâncias. Os desafios não nos fazem infelizes, pelo contrário, podemos encontrar muito prazer nas superações. Ser feliz é simplesmente uma questão de escolha de como queremos nos sentir diante dos fatos.

Cabe aqui nos lembrarmos de Masaharu Taniguchi, manifestador da Seicho-no-ie, que dizia: "Esteja em harmonia com todas as coisas do céu e da terra. Quando estiver em harmonia com todas as coisas do céu e da terra, tudo será seu amigo". O universo apoia quem se harmoniza com a vida. Nada no universo pode ser excluído, porque tudo faz parte do corpo da totalidade. Qualquer exclusão que fazemos, estamos excluindo a nós mesmos. Tudo tem um propósito e uma mensagem do universo. Vamos pensar em algo repugnante do senso comum: a barata. Um dos motivos pelos quais ela aparece é para dizer que alguma interferência energética está acontecendo. E se seu aparecimento se torna repetitivo, é sinal de que alguma sombra precisa ser enxergada. Baratas e borboletas dizem respeito a mudanças, porém, em formas diferentes de manifestação. Tudo o que existe é divino.

Para cada dia da nossa vida há aprendizado. Focar se o dia foi bom ou ruim, com base no maior ou no menor prazer que se obteve, é perder o melhor da existência. Desafios e prazeres, alegrias e tristezas, amor e medo são estados da vida, e de nada adianta combater o desconforto. Pelo contrário, o combate pode nos afastar mais ainda de nós mesmos. Não precisamos combater o negativo, mas fortalecer o positivo. Este é o princípio da terapia transpessoal da essência: dissolver a sombra com a luz e não com o esforço egoico. Quase sempre querer eliminar o incômodo com a força do ego é uma estratégia falha, podendo criar ainda mais frustração. Não precisamos combater a sombra nem tampouco negá-la, mas reconhecer e fluir aceitação para tudo que se manifesta dentro ou fora de nós. A aceitação sábia da essência nada tem a ver com paralisação. Mudamos o que está sob nosso poder alterar e abrimos mão do controle do que independe de nós. Claro que tudo que surge à nossa frente diz respeito a nós. Se, por exemplo, uma doença surge, fomos nós mesmos quem a criamos. Mas há um caminho entre reconhecer e dissolver na raiz a negatividade que a criou ou seu propósito e seu desaparecimento. No intervalo entre o mergulho em si e a liberação do bloqueio na realidade concreta, fluir aceitação é o melhor que podemos fazer por nós e pela vida.

Há pessoas que até perdem a fé por acreditarem no esforço do ego ou em pensamentos mágicos para transformar a realidade. Não são pensamentos positivos que a transformam, mas a mudança do padrão vibratório. Aprendizes de Física Quântica costumam se culpar por não conseguirem transformar a realidade com base em pensamentos positivos. A mudança não está na mente, mas na multidimensionalidade do ser. A Física Quântica comprova que a energia sutil pode modificar a densa. Porém, se não há uma transformação mais profunda do aspecto interno que criou a negatividade externa, a mudança efetiva na realidade não ocorre. Pode até acontecer provisoriamente, mas depois a negatividade volta ou o bloqueio se manifesta em outro formato.

A sabedoria da realidade está em aceitá-la e também sempre transformar as dissonâncias que se apresentam, de forma fluida da essência e não obsessiva do ego. Muitas vezes, ainda que não transformemos diretamente o bloqueio que estamos concentrados em curar, a autotransformação pode liberar outros que, em alguns casos, não estamos nem conscientes. Uma pessoa que faz um mergulho em si para transformar uma doença, ainda que ela não se cure, certamente estará curando outros aspectos. A fé nada tem a ver com acreditar que exatamente o que queremos irá acontecer, mas com entregar a vida ao comando do nosso eu superior e reverenciar a realidade como ela é, acreditando que tudo está bem em algum nível que nossa mente racional, nem sempre, pode alcançar. A quinta dimensão é mais que aceitação, é verdadeiramente estar em abertura para que o melhor de si possa se manifestar, enxergando e contemplando o melhor da vida.

Enraizamento e Conexão com a Alma para Vibrar na Quinta Dimensão

A expansão pode ampliar o enraizamento e, ao mesmo tempo, o enraizamento amplia a expansão. Entretanto, se a pessoa expande muito para além dos seus limites, sem possuir uma forte conexão com sua própria alma e com a Terra, ela desenraiza e desestabiliza sua vida. A desestabilidade não é algo ruim. Ao contrário, para nos movermos para além do conhecido em direção à maior expansão existencial e espiritual, muitas vezes, desestabilizarmos nossa realidade concreta.

Há a instabilidade proveniente do movimento do ser, que está indo além. Mas existe também a instabilidade, presente no ego mais fraco, que não é saudável. Há pessoas que quando expandem mediante experiências espirituais, por meio de um aumento repentino de prazer, de dinheiro, entre outras possibilidades, podem se desestabilizar. Para as pessoas que não são muito ancoradas em si e na Terra, a expansão pode não ser tão benéfica, pois é capaz de promover mais desconexão ainda.

O primeiro passo para a expansão de qualquer espécie, inclusive espiritual, é a conexão com a Terra. Quando estamos conectados com a Terra e com nossa alma, podemos expandir e passar por quaisquer experiências, sem nos perdermos de nós mesmos. A desestabilidade da vida prática, para quem já está mais ancorado, é muito positiva. O universo desestabiliza a terceira dimensão para irmos para a quarta/quinta.

Na verdade, inconscientemente, o indivíduo pode provocar a instabilidade para ir além. Organizamos o formato de nossa vida prática para vivermos de modo confortável com nós mesmos. A questão é que a vida é dinâmica por natureza e toda forma precisa em algum momento ser transcendida. Quando não fazemos o movimento de transcendência voluntariamente, a vida faz por nós com suas imprevisibilidades, conforme já citado. Independentemente do quanto nosso inconsciente foi participativo, a desorganização trazida pelo universo tem sempre o consentimento de nossa alma.

A desestabilidade é a brecha que o ser encontra para ir além. O anseio de se mover para além do conhecido tem sua origem no propósito de o indivíduo ser mais plenamente quem ele é. Toda desorganização, instabilidade ou crise nos movimentam, a fim de despertarmos nossos potenciais. A estagnação sempre promove a inconsciência. O movimento da vida nos leva a sabermos mais quem somos. Quando vamos superando obstáculos, vamos compreendendo mais que somos naturalmente poderosos e, consequentemente, vamos gostando mais de quem somos. À medida que aumentamos nosso amor genuíno por nós mesmos, vamos nos arriscando mais sermos quem somos, expandindo mais nosso poder para, por conseguinte, termos segurança interna para caminharmos mais em direção ao ser.

Se tudo ficasse sempre estável, não haveria movimento, seria a própria morte. Algumas pessoas estão mais ressonantes com a morte que com a vida. A estagnação vai desvitalizando e provocando cada vez mais perda de energia para o próprio indivíduo e para o seu ambiente. Claro que faz parte de nós temer o desconhecido. Mas quanto mais vamos sentindo os benefícios provenientes da mudança, mais vamos criando confiança. Essa confiança interna independe do quanto o externo possa oferecer ou não segurança, é nela que nos apoiamos. E ainda que tenhamos medo, essa parte fortalecida pode acolher nossa vulnerabilidade e seguimos adiante, fazendo o que nossa alma pede para realizar. À medida que vamos criando essa força interior, mais podemos ir além, sem dependermos de qualquer segurança externa. Promessas de segurança externa de qualquer espécie quase sempre são ilusões. Como confiar mais no externo que no próprio Deus interior? Nada no externo pode ser seguro. Se não pertencemos a nós mesmos, então, não temos nada. Quem não tem a si é um joguete nas mãos das energias, vivendo sempre refém de algo ou alguém. Tudo o que temos na vida é quem somos, ou melhor, é o quanto sabemos que somos. Podemos ser muito, mas se não sabemos o que somos, então, efetivamente, terminamos por ser pouco. Não importa nem quem somos, mas saber quem somos. Nada é mais precioso na vida do que a consciência de ser.

As quadraturas no mapa astral são nossos desafios, assim, diante delas, somos obrigados a nos movimentar na vida e, desse modo, vamos compreendendo mais quem somos. Já os trígonos, que são as facilidades, podem ser inexistentes se forem inconscientes para a pessoa. Não importa o que somos, mas saber que somos. E consciência não é conhecimento. Muitas vezes, a pessoa acha que tem autoconhecimento, mas conhece apenas o seu ego. Consciência é a apropriação de quem se é na essência. Não está na mente, mas na atuação de ser a plenitude que se é na vida. Há pessoas que fizeram anos de terapia mental e não são felizes. Quando você sabe quem é, encontra a felicidade genuína.

Qualquer caminho que leve ao ser surge quando, consciente ou inconscientemente, damos o consentimento para nos movermos em direção ao ser. A terapia transpessoal da essência é um caminho que possibilita saber quem você é verdadeiramente. Claro que há outras linhas que também podem conduzir o indivíduo de volta à sua plenitude original. Na verdade, depende mais do terapeuta que da terapia. O terapeuta ou qualquer tipo de mestre tem de ser no mínimo uma pessoa feliz e realizada. Assim, energeticamente, poderá conduzir seus clientes e alunos a esse estado do ser. Observamos a alegria presente no semblante do Dalai-lama, é a felicidade genuína que vem do ser essencial. Dessa maneira, podemos observar a felicidade genuína, proveniente da pureza da criança interior, nas pessoas que vivem na presença de seu ser essencial.

Para transcendermos para outras frequências vibracionais mais ressonantes com a quinta dimensão, precisamos nos enraizar e nos conectarmos com nossa alma. Assim, podemos ter uma estabilidade interna para atravessar a desestabilidade externa, nos movendo para além da terceira dimensão, fortalecendo mais quem somos e cumprindo nossa missão de ser no mundo. Se todos soubessem quem são em sua origem essencial, todo o planeta se libertaria do sofrimento. Talvez a dor nunca deixe de existir, porque temos corpo físico e emocional. Entretanto, a felicidade genuína do ser pode nos trazer plenitude, mesmo diante da dor. Assim, ainda que exista dor, na quinta dimensão não há sofrimento.

Raízes e Copa: Integração

A quinta dimensão nos conduz à conexão com os campos sutis da consciência. Expandimos a copa da nossa árvore por meio da sutilização da nossa energia. Qualquer forma de expansão aumenta também nossa copa. E quanto mais ampliamos nossa copa, mais as raízes precisam aumentar. Ao mesmo tempo, quanto mais as raízes se fortalecem, mais o indivíduo, que se encontra no caminho da essência, naturalmente se expande. A principal função do enraizamento, que é a conexão segura com a Terra, é o apoio para que o indivíduo possa ser todo o potencial que ele pode ser.

Só podemos ser a máxima plenitude que somos se tivermos raízes fortes. A ampliação da nossa força de base pode nos conduzir também a um aumento de quaisquer outros atributos, tais como: aumento do amor, da prosperidade, do prazer, entre outros. O enraizamento propicia um aumento da quantidade de energia, que permite suportar o aumento da carga energética que venha do externo. Quanto mais forte é a quantidade de corrente elétrica, mais forte deve ser o fio terra. Quando a raiz não é forte e o indivíduo recebe um aumento da energia por meio de uma ampliação dos seus recursos financeiros ou de um aumento de amor, ou qualquer outra forma de expansão, ele dá um jeito de inconscientemente cessar um pouco sua recepção, porque não tem raízes para sustentar o que está recebendo. A falta de raiz provoca ansiedade diante de qualquer forma de expansão. Para sair da ansiedade, que, muitas vezes, é inconsciente, o indivíduo sabota a fonte que está trazendo seu aumento de energia. Essa é uma das principais origens da autossabotagem.

Todos querem expansão, mas poucos querem enraizar. Há resistência para enraizar porque é comum o medo inconsciente de estar em conexão com a Terra. Experiências de sofrimento nesta ou em outras existências levam o indivíduo a significar a Terra como um lugar negativo. Crenças familiares e coletivas igualmente podem trazer a sensação de que estar na Terra é perigoso. Por temer de modo inconsciente a Terra, o indivíduo evita aumentar seu enraizamento. As pessoas não sabem que é justamente o contrário, quanto mais fortes as raízes, menos nos colocamos em situações de risco e menos atraímos situações ameaçadoras. Isso porque o enraizamento libera a sensação interna de ameaça, de que coisas ruins podem acontecer, diminuindo, assim, a possibilidade de atração da negatividade externa.

O enraizamento confere ao indivíduo uma segurança natural e uma sensação interna de proteção. Segurança atrai situações seguras, enquanto o sentimento crônico de apreensão atrai situações que levarão a pessoa a sentir medo. O enraizamento facilita a criação de uma vida segura e expandida, podendo o indivíduo ser a plenitude que ele é, ao passo que o desenraizamento atrai ilusões, frustrações, perdas e sofrimentos. Episódios dolorosos não elaborados emocionalmente desenraízam e, ao mesmo tempo, desenraizamento produz mais sofrimento. Possuir raízes firmes naturalmente nos traz uma sensação de bem-estar e, consequentemente, atrai situações que possibilitarão nos sentirmos bem.

O processo de enraizamento vai se fazendo no decorrer da vida. Nascemos com poucas raízes, mas com raízes ancoradas no céu. No geral, os bebês têm poucas raízes. Contudo, há aqueles que nasceram de parto normal, que fizeram já um forte movimento com as pernas, o que possibilitou o desenvolvimento de suas raízes. Os que nascem de cesariana são pegos de surpresa e podem passar toda a vida com a sensação de que quando está tudo bom, isso pode acabar. Muitas vezes, dão um jeito de sabotar a situação prazerosa para eliminar a ansiedade. Quem nasceu de cesariana não fez a movimentação das pernas, como no parto normal. Assim, tenderá a ser um bebê mais vulnerável. Mas isso pode ser transformado não só na vida adulta, cuidando da própria existência e de si mesmo, mas também ainda em bebê. Amor e acolhimento vão trazendo segurança para o bebê iniciar seu processo de ancoramento na Terra. Fazer massagem nos pés e tocar de modo geral o bebê também ajudam no processo de enraizamento.

No decorrer da existência, o indivíduo vai aprendendo a tomar conta de si, e quanto mais cuida da própria vida, mais vai fortalecendo suas raízes. Claro que relações de codependência diminuem as raízes. A pessoa que é capaz de cuidar de si em todos os aspectos vai criando raízes na Terra. Pequenos atos cotidianos de cuidado, tais como: arrumar a casa, deixar o ambiente em que vive ou trabalha limpo, pagar as contas corretamente, organizar agenda e cumprir os compromissos, ter pontualidade, deixar seus documentos em ordem, cuidar da saúde física, ir ao médico, fazer exames, ou seja, cumprir as demandas da terceira dimensão, vai fortalecendo as raízes. O ego fraco que rejeita a vida na terceira dimensão, que se rebela para organizar ou estruturar, possui raízes fracas. Essas pessoas, possivelmente, encontrarão justificativas para seus atos de desenraizamento. Podem inclusive fazer apologia de uma vida sem raiz. Como sua base é fraca, seu intelecto tende a ser forte. Elas tendem a intelectualizar a vida, justificando com argumentos lógicos sua oposição à existência na terceira dimensão. A maior ilusão são essas pessoas se sentirem superiores espiritualmente em relação às que estão construindo e solidificando suas vidas na terceira dimensão.

O indivíduo espiritual sem raiz não sustenta a abertura do coração da quarta dimensão, porque tem medos inconscientes de sofrer. Não sustenta também a verdade da quinta dimensão por receio de se expressar no mundo e fazer o que ele tem de fazer. Muitas vezes, vai se colocar na posição de vítima, levando outros a fazerem por ele. Espiritualidade sem raiz é espiritualidade parcial. Quanto maior a raiz, mais podemos acessar o mais alto dos céus.

O indivíduo da terceira dimensão, que está cumprindo seus compromissos, realizando tarefas, pode vivenciar experiências espirituais expandidas sem se perder, porque tem raízes sólidas. Claro que aqueles mais conectados com a Terra podem passar toda a vida cumprindo tarefas sem subir aos céus e sem viver sua plenitude espiritual. Entretanto, quando em algum momento o ser toma a frente do ego, essas pessoas passam a viver na plenitude com raízes no céu e na Terra, enquanto alguém que se denomina espiritual pode desconectar-se mais de si mesmo com experiências espirituais sem raízes. Essas pessoas podem achar que estão vivendo no espiritual, mas estão se afastando de seu propósito quando negam a Terra. Além disso, a busca da espiritualidade excessiva sem raiz pode fazer o indivíduo se perder de sua própria alma.

Observemos fatores que tiram o enraizamento:

- Não aceitar as pessoas, principalmente os pais, os filhos ou membros do campo familiar. Qualquer pessoa da família, mesmo aquele tio ou primo distante, que não aceitamos, interfere em nossa segurança.
- Não aceitar que as pessoas sejam como elas são.
- Não aceitar os fatos, querendo combater a realidade.
- A falta de ferro no organismo. Quando a pessoa para de comer carne, ela precisa compensar o ferro com outros alimentos, tais como: feijão, noz, abacate, brócolis, beterraba, uva-passa, tofu, aveia em flocos, grão-de-bico, lentilha, entre outros.
- Misturar-se com a energia dos outros. Não só se envolver emocionalmente com as questões pessoais alheias, mas também pegar energias de outras pessoas, saindo de si. Em grupos é comum pessoas mais sensíveis captarem as energias dos demais e perder o próprio enraizamento. Essas pessoas, quando estão em grupo, precisam estar conscientes do seu próprio corpo. Um exercício bem simples é sentir os pés sendo puxados para a terra. Claro que beber excessivamente estando com outras pessoas vai tirar o enraizamento e, ainda, esse indivíduo vai ficar com as energias dos outros. Beber em excesso ou usar drogas estando em multidão pode ser tóxico para o campo.
- Qualquer tipo de droga ou alucinógeno também tira o enraizamento e pode fazer o indivíduo misturar-se com a energia de outras pessoas. Quem faz uso de chás alucinógenos precisa estar muito enraizado. Entretanto, a maior parte das pessoas que procuram essas atividades já está desenraizada. O uso frequente pode tirar mais ainda a base da pessoa. Não estou dizendo que o indivíduo nunca deva fazer uso de alucinógenos como um caminho de expansão ou participar de atividades com o chá. Cada um tem que sentir sua verdade. Porém, vamos observar que a verdade não está na mente, pois muitas vezes a mente pode estar mentindo. É comum a mente acreditar na gratificação pessoal, e não na verdade da alma. Atenção, que as pessoas espirituais costumam ter a necessidade de sair

de si e encontram argumentos racionais para a sua fuga. O que vejo são pessoas que vão perdendo cada vez mais o chão quando fazem uso frequente dessas substâncias. Mas também conheci pessoas que tinham uma estrutura mais rígida, que foram beneficiadas com algumas cerimônias do chá. Entretanto, uma delas fez uso frequente e começou a perder a sua base. Perder dinheiro é uma das coisas que acontecem. Claro que a perda financeira pode não ser algo negativo, mas um meio que o ser encontrou para se conectar mais com o espiritual que com a matéria. Mas o indivíduo não precisa passar por perda financeira para se espiritualizar em um processo consciente de expansão espiritual. Não dá para dizer se o uso do chá é bom ou ruim, depende da estrutura da pessoa, do instrutor, do lugar, do grupo e do momento de vida. O fato é que todas as formas de abrir abruptamente o inconsciente devem ser feitas com muito cuidado. Isso não só para cerimônias com o chá, mas também com quaisquer técnicas com propostas de abrir o inconsciente. Alguns podem ter uma experiência de liberação, enquanto outros podem ficar mais sem base.

- Para a maioria das pessoas, estar em multidão traz perda de energia e de enraizamento. Mas isso não quer dizer que eventos públicos sejam maléficos. Pelo contrário, há eventos que você pode sair bem abastecido de energia. A questão é que para isso você precisa se conectar com o propósito de essência do evento. Por exemplo, em um show, é importante estar em conexão com a essência do cantor e com a vibração de unicidade. Nunca perdemos energia quando nos conectamos com o sagrado de tudo o que existe. Tudo tem luz e sombra. Em um evento público, você pode ficar à deriva, sem chão e na mistura das emoções tóxicas das pessoas, já que muitas delas vão para extravasar, ou pode enraizar na terra e abrir o chacra cardíaco para uma experiência de amor e alegria. A pessoa num evento público pode ser capturada pela sombra coletiva ou viver uma experiência de êxtase espiritual. A base é estar com os pés no chão e em alinhamento com a própria essência, consequentemente, você pode entrar em conexão com a essência das outras pessoas.

- Para não perder o enraizamento e a energia em grupo, você pode intencionar entrar em ressonância harmônica com as pessoas e com o ambiente. Você intenciona ancorar na Terra e conectar-se com o portal da sua alma e, simplesmente, coloca a intenção de formar uma ressonância harmônica entre você, as pessoas e o ambiente. A energia sempre segue a intenção. Em caso de multidão, você pode intencionar fechar o terceiro chacra e abrir o sétimo para estar em unicidade. Esse processo pode ser feito apenas colocando a intenção. Assim, você pode conservar seu eu pessoal sem estar na separatividade. É importante se lembrar de abrir o terceiro chacra após o evento.
- A pessoa que não tem muito enraizamento pode ter uma abertura no sétimo chacra para vivenciar a unicidade, por ser mais conectada com o céu. Entretanto, pode ter padrões de comportamentos separatistas na Terra. Pode afastar-se das pessoas por medos inconscientes. Pode temer estar com as pessoas por sentir alguma espécie de ameaça inconsciente. O que acontece é que a falta de enraizamento separa a pessoa das outras, podendo produzir ainda mais desenraizamento. O isolamento pode eventualmente ser um recurso para o abastecimento da própria energia. Momentos de solitude são benéficos para o campo. Mas quando se torna um padrão, vai havendo ainda mais desconexão com a realidade prática. O mesmo acontece com indivíduos que ficam sempre com as mesmas pessoas. Claro que há aqueles amigos ou familiares mais ressonantes, que nos sentimos bem de estarmos perto. Refiro-me aqui ao fato de quando estar com o outro ou com os outros torna-se mistura, pois a codependência desenraíza. Qualquer tipo de codependência tira o enraizamento, porque tira a pessoa dela mesma. Além disso, a codependência restringe novas possibilidades, inclusive afetivas. Quando nos disponibilizamos a novas conexões com pessoas ou grupos, podemos expandir mais a nossa essência.
- Observamos que são muitos os aspectos que tiram o enraizamento. E para aumentarmos nossas raízes, além do exercício prático de intencionar enraizar a energia na Terra, sentindo os pés bem enraizados no chão, necessitamos lidar com as questões práticas da vida. Estar presente com as pessoas e fazer o que precisa ser feito

na realidade prática a cada dia, sem procrastinação ou acúmulo de pendências, são hábitos que vão fortalecendo nossas raízes.

É importante termos consciência de que o aumento das raízes não diminui nossa copa. Quanto mais enraizamos, mais podemos sustentar a espiritualidade na vida prática, mais podemos abrir o coração, sustentar nossa verdade, manifestando nossa essência. A maior falácia da espiritualidade é a negação da matéria. É absolutamente comum caminhos espirituais focarem somente a copa, negando as raízes. As escolas iniciáticas que negam a materialidade estão na inconsciência. O despertar precisa ser integrativo. No curso de terapia transpessoal do Espaço Essência, o aluno já aprende na primeira aula a enraizar, porque para transcender o nível egoico pessoal para a vida transpessoal é preciso haver uma base firme. Inclusive, para haver sustentação da conexão com os níveis sutis da consciência, é necessário haver uma boa base de sustentação.

A busca da ascensão espiritual em direção ao sétimo chacra pode frequentemente ignorar as questões do primeiro chacra. Enfraquecimento do corpo físico, desvitalização e limitações financeiras são as questões básicas que surgem com a negação da materialidade. A quinta dimensão é a verdade. Integração é a verdade. Qualquer aspecto de nossa totalidade negada cria bloqueios em nossa vida prática. A vida sem a conexão com eu divino é totalmente insignificante, depressiva e, muitas vezes, pode ser desesperadora. A desconexão espiritual é uma vida de medo e vazio. E a vida sem raízes é inconsciência. O indivíduo desenraizado pode acreditar que é evoluído, mas em seu inconsciente encontra-se um medo crônico. O problema maior é que a inconsciência não faz mal somente à própria pessoa, mas também aos que a cercam. Todo medo inconsciente produz algum tipo de desarmonia para o ambiente e, por consequência, para o planeta. Tanto a desconexão com a Terra quanto o esquecimento da origem celestial trazem prejuízos individuais e coletivos. Qualquer tipo de desconexão promove uma vida de medos paralisantes.

A integração é o caminho da completude. Raízes firmes na Terra para uma copa cada vez mais ampla é o caminho da quinta dimensão. Para sermos uma árvore consistente com possibilidade de frutos (missão e propósito) e flores (harmonia e prazer), precisamos sempre, por toda existência, cuidar de nosso ancoramento na Terra e no céu.

Resistência *versus* Essência

O principal opositor para a vida na essência é a resistência. Vibramos naturalmente na frequência do amor e da verdade da quarta e da quinta dimensões. A alma de todos os seres vibra frequências de luz, simplesmente porque é o que somos. Entretanto, traumas e dores podem esconder cada vez mais o brilho do ser. As experiências dolorosas vão ocultando a essência. Alguns seres já vêm para a Terra com muitas sombras adquiridas de outras existências. Estes são atraídos pela força da ressonância para famílias que reforçarão suas sombras.

Temos o propósito da manifestação da luz que somos e da liberação da sombra que não somos. Os traumas reforçam a sombra, enquanto experiências de amor expandem a manifestação da essência. Ao passo que o amor é um reforço positivo para a alma, o trauma é um reforço negativo para a sombra. Entretanto, há exceções. Há pessoas tão conectadas com a evolução espiritual e com o compromisso de serem melhores, que fazem um uso positivo do trauma, indo além da dor para um maior nível de consciência. O que acontece com esses indivíduos que vão além do drama, além da dor em direção à verdade da vida? Eles vencem a resistência.

A resistência é um aspecto do nosso humano que se apega ao negativo. Ela pode se manifestar também no apego ao positivo: "Aqui está tão bom que eu não vou sair deste lugar". Quando a alma pede mudança e o ego resiste, então, o "positivo" começa a virar "negativo". Apego, estagnação, procrastinação, autossabotagem são formas de resistência. A resistência é a parte do ego que se limita, enquanto a fé consciente significa soltar para que a alma e o universo possam fazer o que precisa ser feito. Muitas oportunidades são perdidas por conta da resistência. Algo muito mais preenchedor e ressonante pode estar logo ali na frente, mas o medo do desconhecido pode deixar o humano amarrado. O principal aliado da resistência é o medo. Essa emoção diz que estamos indo além dos limites conhecidos. Faz parte do ser humano sentir medo. A questão é o que fazemos diante dele: apertamos o freio da vida ou permitimos que nossa alma acolha nosso humano, seguindo o fluxo?

A resistência sempre vem de nosso ego que está ancorado nas experiências da criança. O ego é nosso gerenciador na vida. Sabemos que uma das principais funções do ego é nossa proteção. A questão é que ele costuma não ter a habilidade clara para discernir até onde nossa alma pode expandir na Terra. A sensação interna de ameaça pode rondar a maioria das pessoas por toda a existência. O sentimento, muitas vezes, inconsciente de ameaça tem sua raiz em experiências primitivas da vida. Está nas sensações vividas com o sistema reptiliano, registrado nas amígdalas cerebrais e nas emoções fixadas no sistema límbico.

Nossa mente racional não é capaz de acessar conteúdos dos cérebros primitivos. As amígdalas cerebrais contêm sensações muito antigas que determinarão alguns padrões emocionais e comportamentais. A base de tais padrões é a defesa. Assim, vícios, codependências, comportamentos reativos e agressivos são desencadeados em decorrência de sensações negativas registradas nas amígdalas cerebrais. Por ser um cérebro muito antigo, a vontade consciente tem pouco acesso a ele. Por essa razão é que medos profundos, abandonos e traumas no início da vida podem determinar toda a existência de uma pessoa. Ainda que ela queira mudar, pode haver uma resistência que sua mente consciente não consegue vencer. Somente um trabalho profundo terapêutico, que possibilite a visitação às experiências negativas primitivas, pode transformá-la em um nível profundo. Há raríssimas exceções de alguns seres que têm um curador interno muito poderoso, o qual consegue transformar padrões profundamente enraizados sem um processo de psicoterapia. O problema maior é o indivíduo acreditar que se autocura, permanecendo escondido em seu ego espiritual, sem mergulhar em si mesmo.

A cura profunda acontece em todos os níveis do ser. A alteração de um determinado comportamento não significa que houve a cura. Muitas vezes, o que ocorre é uma substituição. A codependência de uma pessoa pode ser substituída por outra codependência. Um vício pode ser substituído por um padrão obsessivo. Por exemplo, o indivíduo que terminou um relacionamento codependente ou parou de beber ou de fumar pode fazer outra codependência ou passar a ter um comportamento obsessivo, como excesso de limpeza, obstinação com a estética do corpo, entre outras possibilidades compulsivas. A obsessão ou a rigidez mental tem a finalidade de esconder sensações e sentimentos. A ocupação mental ou comportamental serve para não sentir.

Há diferentes tipos de resistência. Há aquelas mais profundas, embasadas no cérebro reptiliano, e outras, não tão resistentes, que estão no nível do ego e da mente. Independentemente de onde se encontra a resistência, tudo é possível de ser transformado. O primeiro passo para vencer a resistência é identificá-la. O ego rígido defendido terá dificuldade em perceber suas resistências. Isso porque a rigidez quer paralisar as formas por conta do medo inconsciente da mudança. O ego inflado terá dificuldade em perceber a resistência, porque acredita que ele é bom e que está tudo certo. Pessoas com esse tipo de ego só procuram terapia quando aparecem sintomas físicos ou distúrbios psíquicos, como pânico, depressão, entre outros. O ser, inconscientemente, causa os sintomas para ter a oportunidade de transformar sua vida e retornar à essência.

A identificação da resistência já é decorrente de uma mudança de consciência. No caminho evolutivo, vamos percebendo aspectos internos que estão jogando contra nós mesmos. Não ser confiável para si é um padrão bastante comum que está na base da resistência. A resistência está em não fazer o que se quer e fazer o que não quer. A alma quer e o ego não executa. A alma não quer e o ego faz. Paulo de Tarso expressou bem esse fenômeno em suas palavras: “Não faço o bem que quero, mas o mal que eu não quero”.

A resistência encontra-se nas grandes questões da vida, tais como: resistir a estabelecer um relacionamento sólido; resistir a se separar de um relacionamento dissonante; resistir a mudar de emprego; resistir a iniciar um trabalho ou qualquer outra atividade que possa trazer bem-estar; resistir a realizar qualquer mudança significativa na vida. A resistência para questões importantes tem como pano de fundo não cuidar de si, não fazer o que a alma pede, mas se esconder em justificativas mentais. Raramente a pessoa pensará que está fazendo mal a si mesma ou que está evitando o bem na sua vida de forma consciente. Quase sempre, ela procurará justificar para si o porquê de não ter feito o que sua alma estava pedindo ou por que ainda não irá fazer.

A resistência pode estar presente também em muitas questões pequenas do cotidiano. Podemos conferir inúmeros exemplos:

- Resistir a cuidar do corpo.
- Resistir a cuidar da alimentação.
- Resistir a não sair de casa.
- Resistir a não ficar em casa.
- Resistir a se colocar em situações de risco.
- Procrastinar, adiando o que precisa ser feito.
- Manter pendências ou desordens.
- Não manter a limpeza ou a ordem na residência.
- Resistir a ler, a aprender mais ou prender-se na mente, adquirindo conhecimentos sem aplicar na vida cotidiana.
- Resistir a se autoapreciar ou comparar-se a outros.
- Resistir a ter instantes de não fazer nada.
- Resistir a contemplar a vida, a natureza e as pessoas.
- Resistir a enxergar a essência e o positivo nos seres vivos.
- Resistir a perceber o risco, escondendo-se na ingenuidade da criança.
- Resistir a ser adulto e ser 100% responsável por si.
- Resistir a receber ajuda ou apoio.
- Isolar-se, separando-se das pessoas.
- Misturar-se com as pessoas, separando-se de si mesmo.
- Estar ou iniciar um relacionamento por temer a solidão. Quando o indivíduo está em si não se sente sozinho, mas se torna só quando se separa de si.
- Alimentar a solidão, criticando a si ou a outros.
- Fechar o coração.
- Agir apenas com a mente, não ouvindo o coração ou o corpo.
- Agir sem integração do coração com a mente.
- Agir com impulsividade.

- Não agir, por medo dos riscos imaginários.
- Frear os impulsos, postergando as ações, limitando-se na racionalidade.
- Não confiar na voz da intuição.
- Esconder-se por trás de outros, em vez de confiar no próprio ser essencial.
- Definir-se a partir do ego, ignorando perceber-se a partir da própria essência.
- Dificuldade de estabelecer limites.
- Dificuldade de ceder.
- Resistir ao prazer e à alegria.
- Apegar-se ao prazer.
- Querer o prazer a qualquer preço.
- Fazer birra, ficar de mal, querer dar gelo para que o outro mude, perdendo momentos preciosos da vida.
- Brigar em uma viagem, em um passeio, antes ou durante um evento importante.
- Resistir ao amor com dinâmicas de punição ao outro.
- Resistir à prosperidade, não comprando algo importante para o ser por temer a falta.
- Resistir ao amor por medo de sofrer.
- Entrar em relacionamentos com pessoas não confiáveis, que trarão sofrimento.
- Preocupar-se excessivamente com o futuro, evitando o presente.
- Não cuidar do futuro, prendendo-se no imediatismo do presente.

Podemos observar que a resistência encontra-se em se fixar nas polaridades. O caminho do meio é a saída para tais resistências. Como se viu, há inúmeros exemplos de resistências que fazem parte do cotidiano das pessoas.

A resistência está na base da desconexão do indivíduo consigo. Quanto maior é a conexão com a própria essência, maior é a autofidelidade, portanto, menor é a resistência. Uma forma de resistência bastante comum é não seguir a própria verdade, mas seguir o outro, principalmente os mais próximos. As codependências produzem inúmeras resistências. Definir-se a partir do outro ou do meio é bastante comum e quase sempre inconsciente. Seguir o externo para ser aceito, para pertencer ou para ter alguma forma de segurança, aumenta a desconexão consigo, promovendo, consequentemente, o aumento do autoabandono, criando, assim, mais resistência para a vida. Resistência gera resistência. Por outro lado, conexão com a essência gera mais fidelidade à essência.

É importante abordarmos aqui que não basta haver fidelidade à própria essência, mas ao todo que somos. Para irmos além da resistência, precisamos integrar a alma com o corpo, com o ego e com a criança interior. Trazemos prejuízos a nós mesmos se abandonamos qualquer parte que somos. O abandono do corpo traz desconfortos físicos e falta de energia vital. E quando há pouca vitalidade, não há energia para agirmos em direção ao propósito. O abandono do ego traz resistência para cuidar da vida prática, promovendo procrastinações e pendências. O ego enfraquecido não sustenta a formação de uma estrutura na vida. Com pouca base estrutural, não realizamos o que nossa alma almeja. E o abandono da criança interior faz com que retiremos a alegria natural de viver. Tal desconexão torna o adulto rígido e resistente ao prazer. Vamos além da resistência quando promovemos a integração do nosso eu divino com nosso eu humano.

É comum o ser humano que não estabeleceu uma base de autoconfiabilidade resistir a se entregar à vida ou arriscar-se à entrega. Quando a base interna não é bem estabelecida, havendo falta de enraizamento, de conexão com a Terra e de estrutura, há medos conscientes ou inconscientes que bloqueiam a entrega. Quando as raízes são fracas, o indivíduo pode entregar-se de forma inconsequente para a vida, trazendo danos emocionais ou até mesmo físicos a si, ou pode tornar-se rígido, evitando a vida. Em ambos os casos, o indivíduo é capaz de prejudicar o todo. Não agir, por medo, compromete o cumprimento dos propósitos, e agir sem nenhum tipo de avaliação pode prejudicar as pessoas e o ambiente.

O indivíduo entregue, com cuidados a si e aos outros, faz o que precisa ser feito para o seu próprio bem e o bem do todo. Para não se perder de si mesmo na entrega, o indivíduo precisa ter raízes bem estabelecidas na Terra e forte conexão com sua própria alma. A conexão com a própria alma vai ampliando a autorressonância, que consiste na habilidade de o indivíduo estar preservado em sua própria vibração. Assim, ele entrará menos na frequência de pessoas ou ambientes dissonantes. Quanto mais fortes forem as raízes e maior for a autorressonância, maior será a facilidade que o indivíduo terá em se entregar à vida. Já quanto menor é a oposição à vida, maior é a possibilidade da construção de uma felicidade genuína.

A felicidade é algo que todos querem. Contudo, por mais ilógico que isso possa parecer, a resistência a ser feliz é algo absolutamente comum. As pessoas querem ser prósperas, mas resistem à prosperidade crendo e alimentando a falta. Querem ser amadas, mas retiram o amor por si mesmas. Querem que a vida se altere, mas não modificam sua relação com a vida. Querem que as pessoas mudem sem olharem para si mesmas.

A resistência está em toda parte. Observe no final do dia quantas vezes ela apareceu. E perceba também quantas vezes você venceu a resistência, fazendo o bem a si ou a outros. A vitória sobre a resistência aumenta a autoconfiança, enquanto se deixar levar por ela diminui a autoconfiabilidade. Vencer a resistência é um dos estágios da consciência, que podemos encontrar na árvore da vida da Kabalah, protótipo da formação e da evolução humana. A árvore é composta pelas *sefirot*, plural de *sefirah*, que são níveis de consciência a serem despertados. Netzach é a *sefirah*, emanação divina, que diz respeito à superação da resistência. Sua palavra-chave é a permanência, que é a sustentação dos propósitos diante dos obstáculos. Por isso ela é conhecida como a *sefirah* da vitória, que é a superação dos bloqueios internos e externos.

A resistência pode estar no corpo, no campo emocional, nas crenças mentais e até mesmo no campo espiritual. A resistência do corpo diz respeito ao enrijecimento muscular, que cria resistência para que a energia não flua no físico. A resistência emocional está embasada em padrões repetitivos de emoções, tais como medo, raiva, tristeza, entre outros. Um indivíduo preso a um padrão de tristeza irá inconscientemente sabotar o que pode trazer mais alegria para a sua vida. Um indivíduo defendido no padrão agressivo pode não conseguir ser mais gentil. Mesmo que queira mudar, pode haver uma resistência que o faz manter a hostilidade nos relacionamentos. Resistir em ter relações mais amorosas, dar ou receber amor e sair do padrão de dar ou receber agressão requer vencer a resistência emocional.

A resistência está no campo mental, em crenças rígidas ou aprisionantes. Está em crenças do campo familiar e ancestral. A resistência pode iniciar com um pensamento que vem do ego, o qual pode trazer uma preocupação. Alimentar os pensamentos negativos, em vez de simplesmente deixar que eles passem, é uma dinâmica comum de sabotagem. A resistência também se encontra no nível espiritual. Resistir a se entregar ao comando do eu superior ou identificar-se com o eu espiritual, negligenciando o eu humano, são padrões comuns de existência. O fluxo bioelétrico, que é a corrente energética que passa pelo nosso corpo, está em equilíbrio quando estamos igualmente ancorados na Terra e no céu. A resistência espiritual, da mesma forma, se encontra na fixação ao carma. Acreditar que o carma deve ser cumprido, no lugar deliberado, é uma crença aprisionante bastante comum.

A resistência é algo ardiloso que precisamos vencer por toda existência. As resistências mais sutis podem sempre aparecer. Por mais que evoluamos e nos transformemos, ainda nos deparamos com situações em que temos de escolher entre a verdade ou a falsa sedução. Somos constantemente seduzidos pelo emocional, pela mente, pelas pessoas ou pelos campos que estão por aí. O maior desafio em vencer as resistências está em reconhecê-las. Não há como evoluirmos sem identificarmos nossos medos inconscientes.

É bastante comum a alma falar para ir em frente e o ego resistir por medo. Quando o ego é alinhado com a essência, ele faz o que precisa fazer. A questão é que o indivíduo precisa estar muito disposto a trabalhar profundamente suas questões emocionais para evoluir espiritualmente, cumprir seu propósito e ser quem ele é em sua plenitude, criando felicidade para si e para o mundo. Meditar com as estrelas muitos querem, mas mergulhar nas sombras já gera resistência.

Não há mudança efetiva na superficialidade. O que vejo são várias pessoas se escondendo por trás do ego espiritual. Mas o pior é que influenciam outras também a permanecerem na superficialidade. Fazer um cursinho holístico e se tornar terapeuta; acreditar que estudando

Física Quântica poderá curar apenas com o nível mental; crer que uma forma de terapia em que o terapeuta faça por você irá promover qualquer mudança – tudo isso é ilusão. Claro que há pessoas que nasceram com o dom da cura e, mesmo que não aperfeiçoem o seu dom, poderão curar. Mas isso é exceção. Não é fazendo também um monte de cursos que o indivíduo está apto a ser terapeuta. Há terapeutas com tão pouca energia, que chegam a tirar energia de seus clientes. O curador confiável já fez diversos mergulhos em sua escuridão, é capaz de manter alta carga de energia, é feliz em sua vida pessoal porque atingiu a *eudaimonia*, termo utilizado por Platão para se referir à felicidade genuína.

Para qualquer mudança efetiva e consistente, todos os níveis do ser precisam ser trabalhados. Faz parte da resistência procurar pessoas ou lugares que não contribuirão para uma verdadeira transformação. O caminho para ir além das resistências é estar ciente de que somos responsáveis pelo que fazemos conosco e com o que fazem de nós. Sair da vítima para a autorresponsabilidade é um profundo ato de amor por si e pela vida.

O Encontro com a Alma e a Quinta Dimensão

Uma das principais mudanças da quinta dimensão é a transição do mundo da mente para a integração desta com todo campo multidimensional. É ir além do intelecto para a inteligência essencial. O saber da essência é intuitivo, vem da alma e não precisa ser confirmado pelo externo. A intuição é da alma, portanto, todos possuem essa percepção, mas é comum não dar crédito a ela. Assim, no homem comum ela vai se ocultando. Na quinta dimensão, a intuição desabrocha, porque há maior conexão com a alma. E quanto mais se ouve a intuição, mais ela se amplia.

Quanto mais o indivíduo está alinhado com a essência, mais ele sabe por que sabe, sem saber como. O ser essencial sabe tudo de que precisa. O ser da quinta dimensão é movido pela sua consciência, muito mais que pelo seu conhecimento. Quando a ação é condicionada à certeza mental, então, o indivíduo se torna limitado. Somos guiados ao nosso propósito pelo saber da alma e não pela direção da mente. Ao contrário, muitas vezes, a mente nos desvia. Quanto mais o indivíduo flui pelo seu saber natural, mais ele é quem é em verdade, e faz o que de fato precisa fazer. Assim, o que pode parecer loucura aos olhos humanos pode ser natural para a alma.

Quando o indivíduo é movido pelo ser essencial, ele tem coragem (age com o coração). Ele não precisa deixar de sentir medo para fazer o que tem de fazer. O ser da quinta dimensão é guiado pelo anseio da alma, que o leva a estar no propósito, não pelo condicionamento mental. Pior do que ser guiado pela própria mente é dirigir a vida com base na mente dos demais. Se nossa própria mente já nos engana, imagine a dos outros. Mas, infelizmente, a maioria das pessoas é codependente, seguindo mais o externo que o interno. O conselho sempre precisa ser checado pela própria alma. E quase sempre quem dá o conselho está falando a partir do ego e de sua própria subjetividade. Um exemplo disso é quando um amigo fala para o outro que se relacionar com pessoa de determinado signo não é bom. A ignorância já começa em julgar todas as pessoas daquele signo com base em uma experiência. Primeiramente porque o signo, que é o sol em determinada constelação no momento do nascimento, é só um aspecto da pessoa, há todo o restante do mapa astral. Além disso, o indivíduo mais evoluído transcendeu muitos aspectos dissonantes do seu signo e do seu mapa astral. (O mapa é um guia para ser transcendido, não para ser limitado.) Sempre é perigoso julgar o todo por uma parte. Assim, ouvir o outro em vez da sua própria alma é uma grande sabotagem. A conversa na quinta dimensão é de compartilhamento, não de julgamento.

O ser da quinta dimensão não dá opinião em vão que possa atrapalhar o caminho do outro. Ele está nas relações a partir da essência, que é capaz de perceber o outro. O ser da quinta dimensão jamais impõe sua verdade, mas tem habilidade télica, sendo capaz de se colocar no lugar da outra pessoa.

O indivíduo da quinta dimensão se move na vida a partir do seu campo inteiro e integrado. Sabe a hora de fazer e o momento de parar. Age quando tem de agir e para quando precisa parar. Fala quando está inspirado e silencia quando não está. Ele não fala por falar só para não deixar buracos de silêncio nem para descarregar. Ele não joga conversa fora, porque mesmo quando está em um bar falando trivialidades, o indivíduo alinhado está trabalhando, involuntariamente, para que os outros no ambiente se alinhem. Quando ele vai para uma festa ou qualquer evento social, tem sempre um propósito de deixar as pessoas e o ambiente melhores. Seja por meio de palavras faladas para alguém que precisava ouvir, seja por intermédio de sua presença amorosa, ele beneficia o todo sem perder energia, porque quando estamos no canal não perdemos, mas os demais ficam melhores e nós também. O indivíduo da quinta dimensão nunca está em vão nas situações. Para onde ele se guia, há propósito. E quando, por alguma imprevisibilidade, não pode estar em algum evento no qual intencionava estar, é porque há um propósito para ele permanecer onde precisava ficar.

Para o ser consciente, nada é em vão e nada é desperdiçado. Tempo é propósito. Ações são movidas pelo propósito e o descanso é abastecedor. Há pessoas que vão descansar no fim de semana e perdem mais energia em desperdícios de diferentes espécies. O ser consciente é proativo na ação, mas também permite instantes de descanso e de contemplação. Vive a experiência do ócio sagrado, que é aquele descanso de entrega do ego e do corpo nos braços da essência. Esse ócio é criativo, podendo o indivíduo encontrar soluções repentinas para questões que não estavam sendo resolvidas com a mente. Há um retorno revigorante após o ócio sagrado. Viver a experiência do silêncio é algo altamente curativo e energizante.

O indivíduo da quinta dimensão não teme silenciar. Ao contrário, ele precisa de instantes de silêncio. Por ter uma boa relação consigo mesmo, não teme ficar a sós com sua própria companhia. Sabe que dentro de si é onde há o maior abastecimento e acolhimento, porque lá está a sua essência. Se o melhor da vida está dentro de nós, por que o humano teme tanto parar, silenciar e estar em si? A sociedade ocidental é embasada no padrão de estar fora de si, oferecendo constantemente recursos para a alienação. A maioria das pessoas vive o tempo todo fugindo desse encontro consigo mesma.

O melhor de nós está no silêncio e no mergulho no mundo profundo. Como no mito do fantasma da ópera, o indivíduo fará tudo para evitar esse encontro com o inconsciente, que pode ser aterrorizante como um fantasma. No mito, a personagem Christine encontra-se numa relação com Raoul, que faz o que pode para que ela esqueça o fantasma. Uma de suas falas é: "fique sempre ao meu lado que eu a protegerei do fantasma". É isso que as relações codependentes fazem. A codependência traz anulação de partes do eu e impede o automergulho. O indivíduo, que não se autoconecta, está sempre na codependência, aguardando acolhimento e direcionamento externo.

Como no mito do fantasma da ópera, se não cedemos ao mergulho com o fantasma, tudo pode ser destruído com o nosso próprio inconsciente. Não há escapatória: ou cedemos ao encontro com o nosso próprio inconsciente, ou ele nos destruirá. A pessoa inconsciente provocará ações que podem ser verdadeiras sabotagens, podendo destruir coisas preciosas em sua vida.

Quando mergulhamos em nosso inconsciente, o fantasma deixa de ser fantasma. Vamos nos acostumando com esta descida ao silêncio e nos tornando mais fortes. E, nesse caso, não precisamos viver entre dois mundos como a personagem Christine. O fantasma da ópera e Raoul, seu amor terreno, podem ser integrados. É a separatividade que causa toda a destruição. Quinta dimensão é verdade e verdade é integração. Dia e noite, consciente e inconsciente, todas as polaridades podem estar integradas em uma unidade. É uma grande ilusão do ser humano não mergulhar em seu silêncio por temer seu inconsciente. Mas é justamente a alienação de seu próprio inconsciente que o fará sofrer. Na verdade, após cada visitação ao nosso inconsciente, voltamos mais plenos em nosso potencial. Ao atravessarmos a barreira do fantasma, encontramos a luz.

O Fantasma da Ópera é um romance francês de 1909. Qual é a explicação para ter tanta durabilidade, já que foi o espetáculo com maior tempo de exibição na Broadway? Os mitos despertam nossa atenção porque dizem respeito a todos nós. E este, em especial, traz conteúdos com os quais todos nós, em algum momento da vida, podemos nos identificar. A triangulação vivida nesse mito pode, entre outras mensagens, estar falando de nosso eu dividido entre dois mundos: o profundo e o consciente.

O ser da quinta dimensão, mesmo que tema os fantasmas, não foge deles. Ainda que não sejamos de Escorpião, todos nós temos esse signo ou o seu regente, Plutão, em alguma casa, que é uma área de nossa vida na qual seremos convidados a mergulhar em nossa profundidade. Além disso, de tempos em tempos, passamos por trânsitos de Plutão, que são oportunidades trazidas pela vida para mergulharmos em nós mesmos. E quando não fazemos isso, a depressão ou a sabotagem irão nos encontrar.

Assim como no mito, no qual o personagem do fantasma da ópera, Erik, nunca desiste de Christine, nosso inconsciente também nunca irá desistir de nós. Simplesmente porque ele é a chave para trazermos mais à tona a nossa luz, quando cuidamos de nossas sombras. Nosso inconsciente nunca desiste, simplesmente porque a essência nunca cessará de nos procurar. O encontro conosco pode ser arduamente evitado, mas ele é inevitável. E a quinta dimensão está aí, provocando todo caos externo para o chamado interno. A vida jamais é injusta. Tudo acontece porque nossa alma sente saudades de quem somos verdadeiramente. O retorno é só uma questão de tempo. Todos chegarão a esse encontro.

O Guerreiro da Quinta Dimensão

A ilusão da codependência: quando você assume quem é e rompe com ela, percebe que aquele ou aquilo que seu ego acreditava que lhe dava segurança, na verdade, retirava, pois toda codependência é uma forma de autoabandono, que promove a insegurança. Nosso próprio eu em comunhão com o divino é nossa única segurança.

Na quinta dimensão, você já passou pelo autoacolhimento da segunda, pela estruturação da terceira e pelo autoamor da quarta. Assim, você já se autopertence. Ninguém chega à quinta dimensão sem se pertencer. Claro que as estadias nas dimensões não são fixas. Mesmo que estejamos mais na frequência da quinta, ainda somos humanos, portanto, temos um emocional, que nos leva para nossas questões não resolvidas da segunda ou para as defesas egoicas da terceira. A diferença é que os aspectos dissonantes do nosso emocional não são mais determinantes em nossa vida. E não alimentamos emoções, crenças ou padrões dissonantes, mas a consciência da quinta dimensão os reconhece e busca transcendê-los. O ser da quinta dimensão está sempre buscando mudança, sem jamais paralisar na estagnação ou na vitimização.

O ser da quinta dimensão, embora tenha aspectos não resolvidos, busca resolvê-los. Ele jamais vai falar ou pensar: "Eu sou assim mesmo, os outros que me aceitem". Ele vai sempre querer ir além de sua negatividade. Além disso, sabe que os outros sempre são prejudicados pelas suas negatividades. Assim, não deixa o negativo para o outro, mas assume sua própria responsabilidade pela mudança.

O ser da quinta dimensão é totalmente responsável por si mesmo. Assume quem ele é em sua essência, manifestando-se no mundo, sem jamais se esconder por trás da máscara da falsa humildade. E assume suas sombras sem alimentá-las, mas buscando transcendê-las. Sua autorresponsabilidade lhe confere autonomia. Ele determina sua própria vida. Está nas relações sem perder a si mesmo. Jamais vai deixar de ser quem é para se adaptar.

O ser da quinta dimensão está no lugar que precisa estar, porque segue sua intuição e possui uma autorressonância, ou seja, é capaz de entrar em ressonância com sua própria essência, consequentemente, ele atrai o que também é ressonante e repele as dissonâncias. Portanto, ele irá morar, trabalhar e estar nos locais que são ressonantes com a sua essência. O ser da quinta dimensão costuma estar no lugar certo.

Às vezes não é que algo não seja bom, só está fora do lugar. Isso vale para objetos, plantas, animais e para todas as pessoas. Um indivíduo pode-se sentir limitado em consequência de estar no lugar errado. Você já observou como um objeto na casa que parece não estar em harmonia com o ambiente, quando é mudado de local, ganha vida, ficando bem ressonante em outra posição ou contexto? Pois é, da mesma forma acontece com os humanos. A pessoa pode estar com a energia baixa e desarmoniosa quando está em determinado contexto não ressonante com ela, e parece se renovar e brilhar quando se move para outra circunstância mais ressonante.

Como expressa a sutra sagrada da Seicho-no-ie, canalizada pelo mestre Masaharu Taniguchi: "Quando a imagem verdadeira se expressa, tudo se ajusta em seu respectivo lugar". Quando o indivíduo está em sua essência, ele se move para o contexto mais ressonante onde precisa estar, em todas as áreas da sua vida. E, ao mesmo tempo, quando é guiado pelo seu ser e se move para um novo contexto mais ressonante, também, naturalmente, passa a expressar mais a sua essência.

Um dos principais aspectos que impedem de estarmos onde necessitamos e com quem precisamos é a codependência. A interferência de outras pessoas, crenças externas ou influências pode fazer com que o indivíduo menos consciente de si seja movido para onde não é a sua verdade. Não só porque ouve ou segue os outros conscientemente, mas porque pode estar seguindo o seu medo, podendo ficar em um lugar que julga seguro, em vez de se mover para o local mais ressonante. As codependências não acontecem somente com pessoas ou objetos, mas também com aspectos do nosso próprio eu. Partes nossas podem determinar as nossas vidas.

As pessoas podem ser reféns do seu ego defensivo, da sua criança ferida ou de determinados padrões emocionais. Por esse motivo é que jamais se permanece na quinta dimensão sem um profundo processo de transformação pessoal. Sem mergulhar várias vezes no próprio inferno, não é possível a subida aos céus. O ser verdadeiramente espiritual, que sustenta frequências elevadas sem sabotar sua conexão com a luz, já passou algumas vezes pela noite escura da alma. Ele tem autoparceria suficiente para se acolher em qualquer circunstância, tanto em seus próprios mergulhos como nas relações. O ser da quinta dimensão não se vitimiza. Como no conceito das artes marciais orientais trazido por Carlos Castaneda: "O guerreiro pode ser ferido, mas jamais ofendido". Não permanece no estado de ser ofendido, porque ele é determinado por ele mesmo e não pelo outro.

O ser da quinta dimensão realizou algumas vezes a "jornada do herói". Ele saiu do seu conforto para enfrentar dragões, resgatar tesouros e retornar mais pleno em uma frequência mais elevada. Os mitos e os contos de fadas são histórias que dizem respeito a todos nós. A função deles é nos reconhecermos para irmos além. Realizamos a jornada do herói muitas vezes na vida. Há aqueles dias em que voltamos para casa bem felizes por termos vencido obstáculos e cumprido nossa missão. Nosso ego humano deita na cama sentindo o reconhecimento da essência, dormindo o sono dos anjos. É muito importante o autorreconhecimento, pois ele funciona como um reforço positivo para nosso ego, assim, vamos ampliando nossa autoestima. É fundamental todos os dias fluir uma apreciação verdadeira a si. Mas o que geralmente acontece é o contrário: as pessoas diariamente se criticarem. Se jogamos contra nós mesmos, como poderemos vencer o jogo da vida? Ego e essência precisam ser bem parceiros.

Quanto maior é a autoparceria, mais nos tornamos fortes para realizar a jornada do herói. Embora a realizemos muitas vezes na vida, há aquela que foi realmente significativa, que mudou a nossa existência. Antes da chegada à quinta dimensão, o indivíduo passou por uma jornada bem significativa. Pode ter sido um desafio de saúde, familiar, profissional, afetivo, financeiro ou de qualquer outra espécie. Mas ele passou pela jornada do herói, venceu o desafio, transformou-se e retornou ao seu mundo em outro patamar.

O ser da quinta dimensão é um guerreiro da luz que mergulhou nas sombras e emergiu em uma frequência mais elevada. Nada vai impedir o guerreiro de fazer sua jornada, desde as grandes missões até as do dia a dia. Ele não se paralisa no medo, mas volta sua energia para o que deve ser feito. Como dizia Bruce Lee, o guerreiro bem-sucedido é a pessoa comum que sabe focar. O foco não está no drama ou no medo, mas no propósito. O guerreiro não permite que seu futuro seja determinado pelo receio, mas pelo propósito.

O guerreiro não está concentrado na vitória, mas no processo. Nem todas as batalhas são vencidas, porém, o mais importante para o guerreiro é a disposição de fazer o que sua alma pede, independentemente se é fácil ou difícil, confortável ou desconfortável, aprovado ou desaprovado. O guerreiro da luz tem boa vontade para realizar o pedido da sua alma. Segundo o filósofo Immanuel Kant, a boa vontade é a maior das virtudes. O guerreiro da quinta dimensão tem boa vontade porque está disponível para a alma. E ainda que não vença todos os desafios, por fazer o que deve ser feito, está feliz com ele mesmo. O guerreiro da quinta dimensão tem integridade, quer dizer, ele é inteiro consigo. Ele não se divide, mas é coerente. Suas ações são condizentes com o seu ser. E quando sai de sua integridade, logo percebe e corrige o desvio. Nada externo terá domínio sobre ele, pois é integralmente movido pela sua essência.

O guerreiro da quinta dimensão pertence a si mesmo e a mais ninguém. Por pertencer a si, não faz codependência. Não é determinado por nada nem ninguém, tampouco se isola por medos inconscientes. O ser da quinta dimensão é aberto às relações, sem se afastar de si. É aberto às experiências sem se perder de si.

O guerreiro da quinta dimensão vai para onde deve ir e faz o que deve fazer. Ouve os chamados e os segue, independentemente de suas vontades pessoais ou dos que o cercam. Está além do seu nível pessoal, vivendo em uma consciência transpessoal, além do drama e das demandas emocionais. O guerreiro da quinta dimensão vai para a luz naturalmente, mas também não nega a visitação à sua própria sombra, porque sabe que quanto mais desvela a sombra, mais encontra luz. O mitologista Joseph Campbell expressou bem esta verdade em sua fala: "Na caverna onde você tem medo de entrar, está o tesouro que você busca". Quando vencemos nossos maiores medos, mais voltamos plenos, já que todo bloqueio esconde uma qualidade essencial. Dessa forma, o guerreiro da quinta dimensão não cessa de mergulhar em si mesmo, pois sabe que sempre há mais para ser iluminado. Não há um ponto a que ele chegue e fale que já é o bastante, que não precisa mais me transformar. Seu natural é viver em transformação, sempre em direção a seu máximo potencial da essência. O guerreiro da quinta dimensão não é determinado pelo seu eu pessoal, que busca sua própria satisfação. Aqueles que estão no eu pessoal, sempre buscando sua própria satisfação, geralmente vivem na insatisfação. A satisfação do guerreiro da quinta dimensão está sempre presente porque seu prazer é simplesmente ser quem é. O conforto para ele não está além do que o mundo possa oferecer, mas em si mesmo. É a felicidade genuína do ser.

O guerreiro da quinta dimensão é plenamente fiel a si, não se trai e quando desliza para seus complexos emocionais, busca resolvê-los e continuar a caminhada. O ser da quinta dimensão é movido pela essência, não paralisando no medo: ele o reconhece, flui aceitação, acolhe e segue adiante. Nada o paralisa. Está sempre em movimento, ciente de que também há momentos em que nada há a fazer, fluindo aceitação, enxerga a vida como ela é, sem se prender na impotência. É ativo porque está presente na vida. Mas também sabe quando a vida está pedindo paciência e passividade. Vive plantando, mas também sabe que há colheitas que precisam ser aguardadas. Não se identifica com a pressa nem com a paralisação. Sua identificação é com sua essência.

O guerreiro da quinta dimensão é autônomo e entregue ao fluxo da vida. Sabe que pode contar consigo, mas, ao mesmo tempo, sente a parceria da vida. Como no mito nórdico de Thor, em que ele ergue seu martelo para o alto e puxa as forças dos céus, o guerreiro da quinta dimensão conecta-se a qualquer momento com sua própria alma, que o liga aos céus. Seu martelo sagrado é o próprio portal da sua alma. É nesse lugar que o guerreiro une suas forças para vencer os desafios e se mover na vida. O ser da quinta dimensão não precisa de objetos mágicos. Ele pode até ter tais objetos porque tem prazer nisso, mas não depende de nenhuma ferramenta externa para alterar frequências. O guerreiro da quinta dimensão é um mago por si só. Utiliza seu poder mágico para ser e não para conseguir o que quer. Ele busca primeiro o reino de Deus e tudo mais vem a ele por acréscimo. Não há faltas.

A guerreira da quinta dimensão tem o poder mágico, o amor-luz e a sabedoria-essência. É totalmente apropriada da Santíssima Trindade. Sabe que é o poder, o amor e a sabedoria. É o Pai, o Filho e o Espírito Santo. E na trindade hindu, é Brahma, o manifestador, porque cria constantemente o novo; é Vishnu, o mantenedor, porque sabe enraizar e sustentar; e é Shiva, o destruidor, porque transforma e deixa ir o que deve ir.

O guerreiro está sempre disponível em nossa alma. Quando não utilizamos sua força, há o risco de, diante de qualquer obstáculo, cairmos e sermos a vítima. O guerreiro faz, a vítima lamenta. Mesmo que essa lamentação não seja verbalizada, o arquétipo da vítima está presente em quase todas as pessoas. Ele está nos campos familiares e no inconsciente coletivo da sociedade. É preciso muita autorressonância para ir além da vítima, porque esse é um padrão profundamente arraigado. Vamos entender que a vítima está além da lamentação, mas é uma sensação interna de limitação que se traduz em perda de energia. Não tem relação com a vulnerabilidade, pois o guerreiro dá permissão a ela. O indivíduo que permite a vulnerabilidade já tem uma estrutura confiável e raízes firmes em sua vida.

Só um ego estruturado é capaz de se entregar conscientemente à vulnerabilidade. Podemos entender que a pessoa que se encontra no nível pré-pessoal tende a ser mais capturada pelo arquétipo da vítima. Aquele que está no nível pessoal pode negar a vítima e temer a vulnerabilidade. Já o ser transpessoal acolhe a vítima quando ela aparece, não se identificando com ela, e se entrega ao fluxo da vida, porque é capaz de confiar na vulnerabilidade. Sabe também que preciosos compartilhamentos, como encontros de almas, acontecem quando há permissão para ser vulnerável. Para o guerreiro, sua vulnerabilidade não o limita, mas o torna mais entregue.

O contraponto da vítima é o guerreiro. Ambos os arquétipos estão dentro de nós. A questão é reconhecê-los e escolher em qual ficar. Eles são exatamente opostos. A vitimização consciente ou inconsciente é o principal aspecto que gera as nossas resistências na vida. Enquanto a vítima gera resistência, o guerreiro gera propósito. O guerreiro da quinta dimensão acorda de manhã movido por um objetivo.

O termo antigo: "acordar com o pé direito" cabe bem para o guerreiro. Sua condição natural é acordar com predisposição para que a vida seja boa. E quando por questões, muitas vezes, inconscientes, acorda com o "pé esquerdo", ele já faz um movimento para se alinhar. O guerreiro da luz não vai deixar conscientemente que seu dia seja todo ruim porque ele acordou mal. Ele se responsabiliza, se acolhe e se alinha. Não entrega o seu dia ao acaso, com o pensamento do tipo: "hoje o dia vai ser ruim porque já acordei ruim". O ser da quinta dimensão jamais faz isso com ele mesmo, nem tampouco com os outros. Ele se responsabiliza pela sua toxidade e busca transformá-la. O indivíduo inconsciente atribui seu mal-estar aos outros ou ao acaso, e segue fazendo mal a si e aos outros com seu mau humor, e muitas vezes ainda justifica dizendo: "eu sou assim mesmo".

Viver na quinta dimensão é ter a consciência de que todos os dias você é um guerreiro para ser o melhor que pode ser. Ele não pensa que vai enfrentar desafios ou que vai "matar um leão por dia", não sai de sua casa com a crença: "vamos à luta". Quem acredita que a vida é uma luta está sempre criando batalhas. Ele conhece, mesmo que de forma inconsciente, o princípio do mentalismo de Hermes Trismegisto de que a mente cria grande parte das circunstâncias. Portanto, ele não põe a negatividade no comando. O indivíduo da quinta dimensão apropria-se de seu guerreiro assim que acorda, não para enfrentar obstáculos, mas para ser o melhor que possa ser, expressando ao máximo sua luz.

Guerreiro da luz da quinta dimensão não é agressivo, mas pacífico. Como um druida, sacerdote celta, o qual, quando ia acontecer uma batalha, surgia, e com sua argumentação movida pela essência conseguia impedir que o combate acontecesse. Como Mahatma Gandhi, que fez uma revolução sem armas. O guerreiro é passivo-ativo. É forte e suave. Ele é conectado com sua calma interior e quando aparecem os obstáculos, ele traz a sua força interior para ser o melhor que puder ser. Quando não vence, quando há um problema que ele não consegue resolver ou quando algo que está além do seu poder de resolução acontece, o guerreiro flui aceitação. É muita coragem aceitar a morte de uma pessoa amada, entre outras questões da vida, que não dependem de nossa atuação.

O guerreiro faz tudo o que tem de fazer e flui aceitação para como a realidade se apresenta a cada dia. Ele tem o *amor fati* introjetado e o *carpe diem*. Ama a realidade porque ela é o que é, e vive plenamente cada momento criativo da vida. O guerreiro nunca desiste de si e de seu propósito. E ele sabe em seu íntimo que a essência nunca desiste de nós. Não apenas nós que não desistimos da essência, mas ela também não desiste de nós em nenhuma circunstância. Tal como a parábola do filho pródigo, os nossos desvios não nos condenam. Mesmo que desviemos de nosso Deus interior, o guerreiro em nós não permite que permaneçamos no desvio. Não desistimos de nossa alma, e ela não desiste de nós. Podem passar vidas e vidas, nossa essência sempre irá nos procurar. Alma e corpo sempre estarão juntos pela existência do guerreiro.

Essência é o pai e mãe divinos que jamais desistem de nós e que estão sempre de braços abertos para nos receber sem nos julgar, mas nos acolhendo com o amor que transborda em compaixão.

Por que a Codependência nos Tira da Quinta Dimensão?

A codependência é uma dinâmica emocional ressonante com a segunda dimensão. Em um relacionamento pode existir o amor dos diferentes triângulos. O amor do segundo triângulo está ligado à necessidade do outro para uma sobrevivência emocional. Quando o relacionamento está embasado somente nesse triângulo, ele não sobrevive na quinta dimensão. Os relacionamentos preservados na nova frequência são aqueles que possuem conexão com outros triângulos, além do segundo. Mas por que a codependência não sobrevive na quinta dimensão?

Porque a quinta dimensão é a frequência da verdade e da liberdade de expressão do ser. A codependência impede que o indivíduo seja quem ele é. Sem que se esteja consciente, o indivíduo emaranhado na codependência não está seguindo sua própria verdade, mas o caminho de outro ou outros. A verdade é totalmente contrária à codependência. Não é possível seguir ambos os caminhos. O aspecto mais desafiador de estar em um mundo com a frequência da quinta dimensão é abrir mão de tudo que não é do ser essencial. Nessa frequência, não há mais lugar para a posição de refém, para vitimização, autoengano ou apelos.

Abrir mão do que não se é pode ser bem desafiador. Por mais que tenhamos ganhos significativos na direção de nós mesmos, o emocional pode resistir à mudança. Nossa alma está feliz com o caminho da verdade, pois simplesmente ela nos conduzirá ao que somos. E isso para a alma é a missão mais importante na Terra. Nosso projeto original divino é somente ser. Porém, além das impregnações de vidas passadas, somos bombardeados por comandos emocionais e mentais para não sermos. A família da quinta dimensão tem o propósito de apoiar seus membros para que eles sejam plenamente quem eles são. Entretanto, a maior parte delas e das outras instituições cria para o não ser. A vida escolar e social vai completando o processo de afastamento da essência, iniciado no campo familiar.

O campo ancestral naturalmente nos apoia em nosso caminho de vida. Somos em potencial a essência da soma vital de duas linhagens, sendo que os adotados ou que foram criados por outros pais possuem quatro linhagens. Temos as linhagens de que precisamos para a expressão de nossos propósitos para esta existência. Não importa como são os egos de nossos pais, avós, bisavós, etc., em suas essências eles vibram para que sejamos o nosso projeto divino. Por mais dissonante ou tóxico que tenha sido um pai ou uma mãe, no amor da alma, eles permitiram a vinda de seus filhos como um propósito divino. É muito comum as pessoas que tenham problemas com um dos pais, após a sua partida, passarem a se relacionar com a essência deles e não a partir do embate dos egos, já que esse não existe mais. Já fiz muitas sessões terapêuticas, cujos pais dos clientes falecidos, ou mesmo encarnados, pedem perdão por não terem reconhecido ou apoiado o filho. O indivíduo a partir da sua essência pode se conectar com a essência de seus pais e obter essa libertação. Porém, esse processo só é possível a partir da essência e não do ego que quer sempre ter razão, porque está na defensiva.

Segundo a teoria da constelação familiar, os pais nunca devem pedir perdão aos filhos porque eles fazem e fizeram o melhor que puderam. Assim, cabe aos filhos honrarem seus pais como eles são ou como eles foram. Mas vamos tomar o que há de essencial nessa teoria e não como verdade absoluta. Quando um pai ou uma mãe pede perdão para seu filho pode ser muito libertador para ambos. Porém, não cabe ao filho esperar que seus pais se redimam, mas honrá-los como eles são. Enquanto o filho não amar o pai ou a mãe e aceitá-los totalmente, sem fazer oposição a nenhuma parte deles, ele não ancora plenamente a força do campo ancestral, que é um apoio espiritual muito poderoso e fundamental para as realizações na Terra.

Explicando melhor, pois isso pode dar margem a mal-entendidos. Aceitar os pais não é querer ser como eles ou não discordar deles. Diferenciar-se dos pais é a base para o processo de individuação, que se intensifica na adolescência. Porém, se nessa fase a diferenciação sofre fortes punições, então o indivíduo cederá ao campo familiar ou pode se rebelar, afastando-se do que tem de ressonante em essência com o campo familiar. Tanto o excesso de passividade quanto a rebeldia prolongada podem afastar o ser de si mesmo. A individuação é a base da independência emocional. Sem esse processo, o indivíduo sempre será codependente de um dos pais, podendo futuramente transferir para o cônjuge, para um grupo, para algo ou alguém, que ditará o que ele deve ser ou fazer, de forma direta ou indireta.

Assim, aceitar os pais é saber que eles são como são. E que todas as pessoas são o que podem ser. E que todos os seres, por mais que apresentem dissonâncias, estão fazendo ou vivendo o melhor que podem. Estar em harmonia com tudo o que existe é a frequência da quinta dimensão. Isso não significa concordar com tudo, mas respeitar que tudo e todos têm o direito de ser como são. Honrar os pais é ceder reverência à essência deles, não colocando o ego no comando da relação. Egos sempre estão em embate. O problema de todos os relacionamentos são conflitos de egos. Desenvolver a habilidade de compreender as pessoas, fluindo aceitação e compaixão, é a base para relacionamentos saudáveis. Ao respeitar o outro em sua individualidade, você abre um campo para também ser respeitado(a).

O caminho em direção à individualidade é o respeito a si mesmo. Quando ancoramos o respeito em nós mesmos, também desenvolvemos maior facilidade para o respeito a outros. Identificar-se como um ser individual é o princípio do rompimento com a codependência. Precisamos saber quem somos para ser e fazer o que somos.

O maior prejuízo da codependência é que ela nos tira de nós mesmos. O desafio principal é que quase sempre essa dinâmica é inconsciente. Todos nós seguimos comandos. Sempre temos mais e mais para nos libertarmos. Quanto mais inconsciente está o indivíduo, mais refém e vítima ele é. Não existe desenvolvimento consistente sem a investigação do inconsciente. Todos acham que são quem eles são, mas esse é um grande autoengano. Se todos fossem quem são, o mundo também seria o que é em seu estado potencial divino. Tudo o que existe de dissonância na Terra e no social é resultado de vibrações e ações de seres inconscientes. Querer um mundo melhor quase todos querem, mas quando é necessário abrir mão da nossa própria dissonância, então, há resistência.

O processo evolutivo é constantemente liberação e desapego em direção ao mais ressonante. Focar o ganho e não a perda pode tornar a jornada mais suave. A questão é que entre a saída da dissonância e a manifestação da ressonância existe um vácuo. Nesse instante, entra a fé. A confiança de sabermos que haja o que houver, quando estamos no caminho da essência, sempre caminhamos para o melhor, para nós mesmos e para o todo. É como viver sem pressa da colheita. Até porque possivelmente será uma questão de tempo, o que colhemos na vida terrena torna-se também perecível.

Somente o que é essencial permanece, todo o resto é mutável. Esse essencial pode ter várias roupagens que precisamos ir trocando no caminho de vida. Podemos, por exemplo, ter vários casamentos com a mesma pessoa. Pode ser bem mais saudável do que ter o mesmo casamento com várias pessoas. Trocar de casamento sem curar a dinâmica negativa em si mesmo é um grande autoengano. Somos totalmente responsáveis pelo que nos cerca. Criamos absolutamente tudo em nossas vidas. Acusar o outro, além de esperar a mudança fora, é negar a própria responsabilidade em uma acomodação egoica. Quanto mais o ego se acha com razão, menos ele a possui. A dinâmica "certo ou errado" é da terceira dimensão, só nos atrasa em nosso caminho de vida.

O ser simplesmente é, e por ser ele faz. No começo é bem desafiador irmos abrindo mão e nos desapegando do que nos impede de sermos mais plenos, mas depois vamos nos acostumando com esse modo de viver. Até porque vamos reconhecendo e obtendo muitos ganhos na vida essencial. Quando somos quem somos, seguimos o fluxo da vida em vez de fazer oposição a ela. Assim, nós nos tornamos mais felizes. E quanto mais felizes, mais temos energia disponível para sermos quem somos. Esse ciclo se alimenta.

Esta é a equação da quinta dimensão:

Ser quem se é – Liberar o que não é – Seguir o fluxo – Realização de propósitos – Felicidade genuína – Contribuição energética para o bem do todo – Abertura para ser mais plenamente quem se é.

A Unidade na Quinta Dimensão

O universo se manifestou porque faz parte do ser vivo a expansão da consciência. Dessa forma, deu origem a tudo o que existe. Os olhos do ego enxergam uma aparente separação, mas a alma de todos tem a memória do todo. Quando retornamos para a nossa alma, sentimos a conexão com o todo. Somos movidos para a integração com a nossa essência a partir da percepção de uma dor sagrada. É aquela dorzinha que você tem pela humanidade que o(a) move para ser um ser melhor pelo todo. Quando o humano é inconsciente dessa dor, não desperta compaixão e fraternidade.

Trata-se de uma espécie de dor de estarmos separados da fonte, a qual abre nosso chacra cardíaco para um sentimento de unicidade que nos desperta a compaixão. Quanto maior é o sentimento de unicidade, mais nos movemos para sermos melhores com o todo. Nossa evolução é individual e coletiva ao mesmo tempo. Quando um humano se eleva, nos elevamos também; quando um se perde, uma parte de nós também se perdeu. O ser consciente da unidade jamais faz ao outro o que não gostaria que fizesse a ele.

Todo o mal cometido não vem pela vontade da alma, mas por um impulso inconsciente. Ninguém fere ninguém porque quer. Nossa parte humana é muito inconsciente. Se tivermos a compreensão de que o outro não nos fere porque quer, mas por motivações inconscientes, aborrecimentos e desentendimentos de relacionamentos podem ser amenizados. Exceto se a pessoa tiver uma doença psicopática, ninguém faz mal ao outro porque quer fazer propositadamente. E mesmo os psicopatas têm uma essência escondida por trás de uma criança profundamente ferida.

Essa compreensão é uma chave importante para relevarmos pequenas questões no nosso cotidiano e também para ficarmos em harmonia com o coletivo. Perdemos muita energia ruminando raiva de qualquer pessoa. Quanto se perde energia falando mal das pessoas próximas ou públicas? É absolutamente natural emergir emoções negativas para com atitudes de certos políticos, por exemplo. Entretanto, permanecermos na revolta drena nossa própria energia e colabora com a permanência da sombra. A questão não é não irmos para o emocional, porque até mesmo um iluminado tem emoções e inconsciente; mas é sempre voltarmos para o lugar do ser.

Faz parte do nosso propósito reconhecer o divino em tudo o que existe. Tudo o que acontece é de Deus. O livro tibetano dos mortos, Bardo Thodol, traz uma verdade universal: não existe nenhum fato na vida que não seja para o aprendizado. A vida não está contra ninguém, os fatos acontecem sempre para o crescimento.

A evolução se faz na dualidade, como expliquei anteriormente. Experimentamos a sombra para irmos para a luz. O universo se manifestou para que, na dualidade, a evolução se acelerasse em uma eternidade dinâmica. Não importa por que fomos criados, mas o que vamos fazer dessa criação. Não estamos aqui para ficarmos confortáveis, mas para sermos mais a luz que somos. Não estamos aqui para servir nosso eu humano. Como diz o Alcorão: "não montarás em dois camelos ao mesmo tempo"; e como cita o Evangelho: "não servirás a dois senhores". Não estamos aqui para servirmos o eu pessoal, mas o ser essencial.

A quinta dimensão é viver o ser essencial, sendo um com Deus. É, apesar das diferenças do eu humano, saber que somos um. É irmos nos desprendendo do "eu" e do "meu" para uma consciência mais coletiva. Nossa mente sabe que nada é nosso e que tudo passará, mas vivemos como se nosso pequeno eu fosse eterno com seu reino humano. E eis aí a origem de todo sofrimento. Quanto maior a consciência da finitude do que é humano e maior a consciência da infinitude do nosso ser divino, mais vivemos em plenitude.

Amor na Quinta Dimensão

Esclarecendo um pouco mais a quinta dimensão, vamos nos aprofundar no aspecto fundamental dela: o amor. Essa qualidade é um atributo da quarta, portanto, não há sustentação da permanência na quinta dimensão se não houve o verdadeiro aprendizado da quarta. Há muitas distorções e mal-entendidos sobre a frequência do amor. Existem muitas formas de sua expressão. Há a expressão do amor em todos os chacras.

No primeiro, ele está ligado à sobrevivência física e à tribo ou ao grupo familiar. É o pulso que vem da necessidade de pertencer para obter segurança, principalmente física. No segundo chacra, o amor é proveniente do campo emocional. Essa é a manifestação mais comum na Terra. Entre as suas expressões estão: acolhimento, cuidado, paixão, entre outras. É mais um sentimento que, muitas vezes, pode não se manifestar em atitudes amorosas.

O amor do segundo chacra é mais egocentrado e condicional. O fluxo do afeto pode ser rompido quando não se obtém o que se espera. Está mais ligado ao receber que ao dar, e a sua distorção mais comum é o apego. O ser comum conhece bem esse tipo de amor. Ele se expressa na cultura e está profundamente enraizado nas crenças coletivas. A maior parte das músicas, novelas e filmes apresenta essa forma de amor.

O amor do terceiro chacra pode, na polaridade positiva, expressar reconhecimento, respeito, consideração, comprometimento, entre outros aspectos. A distorção dessa expressão é proveniente da identificação com o ego. A rigidez egoica distorce a vibração do amor, tornando-o condicional. Quando os egos estão incompatíveis, o amor é facilmente retirado.

O amor do quarto chacra é menos condicionado. É possível manter o amor diante das diferenças egoicas. Amar, do quarto chacra para cima, é mais verbo intransitivo. O amor simplesmente é, sem que seja necessariamente direcionado. É um estado da alma que transborda, manifestando-se no nível da forma em sentimentos ternos e ações fraternas.

O amor do quinto chacra, ressonante com a quinta dimensão, está muito além do emocional e do eu individual: é a compaixão. É um amor que quase todos os humanos já experimentaram em alguns momentos. Mesmo uma pessoa bem engessada na terceira dimensão experimenta frequências da quinta dimensão e instantes de amor além do ego.

Faz parte do nosso propósito coletivo desenvolver o amor incondicional por tudo e por todos. Se conseguirmos amar com menos condições egoicas pelo menos algumas pessoas já é muito evolutivo. Quando conseguimos preservar intacto o amor pelo outro, apesar das manifestações de diferenças de ego, também promovemos maior autoestima. Isso porque a preocupação em obter aprovação do outro é motivada pelo medo inconsciente de perder o amor.

Assim, quando somos capazes de manter o amor, não obstante a dissonância de ego ou de crenças, estamos ensinando a nossa criança interna que podemos ser amados, apesar de não correspondermos às expectativas.

A quinta dimensão nos convida ao amor além da codependência. Muitos contratos inconscientes estão sendo quebrados. Pactos inconscientes de codependência estão sendo rompidos, enquanto contratos sagrados ligados ao propósito estão sendo mais respeitados.

O poema a seguir foi escrito na quarentena, quando me senti profundamente conectada com a vibração do amor. O distanciamento físico possibilitou ainda mais proximidade de alma. Tudo o que aconteceu no primeiro semestre de 2020 foi para exacerbar o essencial. O superficial diminuiu e o que é essencial se fortaleceu ainda mais.

O Amor da Quinta Dimensão

O amor da quinta dimensão é livre e não tem tempo, nem espaço,
Ele simplesmente é porque é.
Não há justificativas para sentir,
É simplesmente a conexão de almas,
É a expressão do contrato sagrado que fizemos com os seres,
É o propósito primordial individual e coletivo,
É intransitivo porque não é direcionado,
Ele não reconhece as diferenças, mas transborda em compaixão,
É forte e leve, intenso e suave,
Expressa-se na dualidade sem perder a unidade,
Alimenta-nos sentir, ao mesmo tempo que alimentamos,
É o maná que não cessa, o alimento espiritual que está sempre disponível.
Podemos recebê-lo de todos os reinos, além do humano, mas também do mineral, vegetal, animal e angélico,
É a mais alta vibração compartilhada com os seres.
O amor da quinta dimensão nos conta que não estamos sozinhos,
O amor da quinta dimensão pode nos conferir um amor incondicional por nós mesmos,
Se Deus me ama, se tudo me ama porque somos um, como não fluir amor incondicional por si?
Amor da quinta dimensão não é egocêntrico, mas cosmocêntrico,
Quanto menos o busca, mais o tem,
Não há lugar para o meu, o eu.
Amor da quinta dimensão está aí disponível para todos,
Basta nos recolhermos para o espaço sagrado de nosso coração,
Meu ser ama o seu ser.

Complemento Afetivo Divino na Quinta Dimensão

Na quinta dimensão, não existe mais a ilusão da alma gêmea. Todos somos uma única alma em conexão, além disso, tal termo é muito distorcido para a codependência. Vamos chamar o amor de alma íntimo de complemento vibratório divino. A pessoa que está vibrando tanto na sua própria frequência pode atrair pela força da ressonância outra com a mesma vibração. As almas que vibram na mesma frequência se encontram. Nessas relações, não importam as diferenças do ego ou da vida prática, mas a igualdade na frequência vibratória. Esse amor é totalmente preenchedor e igualitário. Ambos os seres se preenchem da nutrição afetiva. O compartilhamento em todos os níveis está presente todo o tempo e nenhuma das partes recebe ou dá mais que a outra.

O amor íntimo da quinta dimensão pode acontecer para aqueles que têm como propósito fazer sua caminhada evolutiva com outra pessoa. Alguns têm como objetivo fazer a caminhada sozinhos e muitos, mesmo que queiram encontrar um relacionamento fixo, podem não se relacionar por medos inconscientes de si mesmos. Não há codependência, porque cada qual segue seu caminho, mas existe mútuo apoio da alma. Tal apoio é tão verdadeiro que transcende as palavras.

O amor de alma traz tanta entrega e inteireza para o outro, que ambos se sentem como se estivessem nos braços de Deus. Um dia simples ao lado do seu amor da quinta dimensão é um dia maravilhoso, porque ele é sempre nutridor. Há um prazer espiritual em estar ao lado do seu amor. E no dia em que há dissabores, a cumplicidade para a investigação e transcendência do bloqueio está presente. Todo relacionamento é crescimento, portanto, tal amor também tem seus desafios. Nossas questões que precisam ser curadas podem emergir encontrando um espaço de continência para elas. Não há julgamentos sobre o outro, mas entendimento para que ambos possam caminhar para o melhor de si.

Amor da alma possui natural longanimidade, não por sacrifício, mas pelo prazer espiritual de ficar bom para o outro, que naturalmente também retribui, formando um circuito de bem-aventurança, que abastece muito os envolvidos, transbordando para os próximos.

O amor da quinta dimensão é seguro e calmo.

O melhor aspecto da paixão pode ser preservado. Um coração quer estar sempre perto do outro, mas quando eles estão longe, permanecem inteiros onde precisam estar.

Quando os complementos divinos se encontram, não querem mais se separar. Trazem o registro energético de outras existências vividas juntas. E sabem que a morte não existe, porque as almas sempre se encontram. Há uma certeza no coração de que é para estarem juntos. Assim, qualquer obstáculo será transposto para que a conexão aconteça. Os envolvidos podem ter suas bases seguras removidas para estarem com o outro. Para que a conexão com o amor da quinta dimensão aconteça, há uma estrutura energética e emocional que possibilita o indivíduo ouvir e seguir a voz da sua alma. A confiabilidade interna, aliada ao pulso do coração, possibilita a unificação das partes, ainda que haja desafios e oposições. Na quinta dimensão, o fluxo divino é imperativo em sua direção. Além disso, a alegria da alma é infinitamente maior que a sombra do medo.

Para o meu amor, que também teve coragem de ouvir o chamado da alma para viver o propósito e a verdade:

Amor que transborda bênçãos e verdade
Amor que parece preencher a pele
Amor que pulsa um prazer divino transcendental
Amor que reconhece a alma do outro e permite ser reconhecido no olhar

Amor que cura o incurável
Amor que confere apoio mútuo para o propósito individual
Amor capaz de integrar confiança e liberdade
Amor que traz segurança sem pactos que possam aprisionar
Amor que facilita a abertura para o milagre da vida
Amor que transcende as diferenças em uma unidade cósmica de infinita beleza e luz

Autoestima e Confiabilidade nas Relações

Uma crença bastante comum na terceira dimensão é a não confiança no amor. Muitas vezes ela está inconsciente, levando o indivíduo a tomar atitudes de separatividade ou, até mesmo, hostilidade em relação ao outro. Talvez essa crença seja a principal raiz dos problemas de relacionamentos. Uma crença consciente ou inconsciente gera energia capaz de criar uma realidade. A convicção da não confiabilidade no amor gera situações de desapontamento que confirmam a crença. A questão é que a maioria das pessoas possui em algum nível essa crença. Para elas, ainda que o relacionamento seja bom e o parceiro uma pessoa amorosa, alguma frustração sempre irá aparecer. Isso não depende do que o outro faça, mas da leitura dos fatos, que está embasada na crença negativa. E quando a situação de desapontamento acontece concretamente ou na visão da pessoa, ela confirma o pensamento consciente ou inconsciente da não confiabilidade no amor.

A realidade contida nessa crença é que de fato os egos não são confiáveis. Se nossa energia e nossa vida estão ancoradas no ego, sempre iremos nos decepcionar. Nosso próprio ego não é confiável, porque ele está no nível humano. Se ancoramos nossa vida na essência e nos relacionamos com o outro a partir desse lugar dentro de nós, então, naturalmente sentimos confiança no amor. As essências são confiáveis. Quando estou na minha essência, posso reconhecer a essência do outro e, assim, naturalmente, não nos fazemos mal. Isso nada tem a ver com a durabilidade do relacionamento. Ele pode durar dias ou anos, mas quando termina não é porque o amor esvaziou, mas em virtude de haver outros caminhos a serem seguidos pelas partes. A separação na quinta dimensão não é traumática. Claro que embora estejamos na quinta dimensão, vivemos em uma fisicalidade de terceira, portanto, há uma dor egoica na separação. Porém, não há uma identificação com ela ou algum tipo de paralisação, ou prejuízos permanentes para o campo emocional. A compreensão holográfica permite que haja um entendimento de algum ganho na separação.

Em todas as situações da vida sempre há um ganho. A essência, que é holográfica, é normalmente capaz de fazer esse reconhecimento. Por mais trágica que seja qualquer situação, sempre há algum tipo de ganho. O ego ferido ou até mesmo revoltado pode não enxergar, mas constantemente há um ganho em todos os reveses da vida. Quando perguntaram para o Dalai-lama se ele tinha raiva em razão de os chineses terem atacado o Tibete, ele respondeu que não, porque foi uma oportunidade para que esse lugar ficasse mais conhecido para o mundo. Eis um exemplo de uma mente holográfica. A mente holográfica é serena e a serenidade possibilita a manifestação de uma mente holográfica. Nesse nível de consciência, não há vitimização, mas um entendimento de que os fatos acontecem porque há um propósito maior por trás de tudo o que existe.

Em relacionamento, tudo o que acontece aparentemente de negativo é oportunidade de crescimento para as partes. Tudo é possibilidade para reconhecer nossa luz ou nossa sombra. Os fatos felizes e agradáveis permitem que enxerguemos nossa essência. E quanto mais a reconhecemos, mais ela se manifesta. Já as circunstâncias "negativas" são oportunidades para enxergarmos nossas distorções e bloqueios, e nos aperfeiçoarmos em consciência. Assim é com tudo na vida. A pessoa com predisposição à felicidade enxerga os bloqueios como possibilidades de reconhecimento para o aperfeiçoamento, e as realizações são percebidas como recompensas da essência. A pessoa feliz tem um pai essência interno que flui reconhecimento para si, apreciando suas qualidades diariamente e reconhecendo sua própria sombra na negatividade externa. Tal reconhecimento não é punitivo, mas apoiador para a evolução do ser.

A relação que temos conosco irá determinar nossa realização amorosa. Se não nos reconhecemos em essência e vivemos num ego punitivo, então, atraímos relações de hostilidade. Se somos amorosos e compreensivos com nós mesmos, atraímos amor e reconhecimento. Assim, não é o outro que determina a qualidade do relacionamento, mas nós mesmos. Não é aleatória a realização afetiva, mas autorresponsabilidade. O que faço comigo é o que recebo da vida. Desse modo, não dependo do outro para me fazer feliz. Como citei anteriormente, na quinta dimensão não há codependência. Somente a própria pessoa é responsável pela sua felicidade. E só podemos ser responsáveis pela nossa própria felicidade e de mais ninguém. Se eu for o melhor de mim, posso facilitar para que outros sejam mais felizes, sendo mais quem são, mas não somos responsáveis por eles. Ninguém é responsável por ninguém, porque só a própria pessoa pode se responsabilizar pelo seu trabalho interno de autoinvestigação e transformação. Somos responsáveis pelas pessoas no nível espiritual, mas não no nível pessoal. O que geralmente acontece é o inverso. As pessoas se responsabilizam pelas outras em codependências, mas se separam da unidade espiritual.

Portanto, a felicidade afetiva depende de nos relacionarmos conosco de forma apoiadora e amorosa. Depende da nossa essência acolher nosso ego para que ele não permaneça na carência. Quando nossa essência flui apreciação ao nosso eu humano, vamos criando uma confiabilidade do ego em relação ao nosso ser essencial. Se por medo de sermos egoicos não nos apreciamos, estamos sendo injustos com nós mesmos.

A apreciação que provém da essência para o ego cria uma autorrelação de confiabilidade. Quando o ego rompe com a essência e passa a administrar a vida por ele mesmo, consequentemente, ele se separa do outro, se achando especial. Nesse caso, a admiração egoica está contribuindo para a autossabotagem. O ego que confia em si, mas está separado da essência, está fadado ao fracasso. Ele pode obter algum tipo de sucesso por um tempo, mas certamente em algum momento a queda chega, porque o ego não é capaz de se sustentar por si só.

Além disso, muita energia é desperdiçada para manter esse ego no alto. Não há como não respeitar a hierarquia da consciência e obter plena realização. A felicidade e a construção consistente acontecem quando há um respeito do ego pela essência. E esta não é uma rainha opressora, mas apoiadora e amorosa, empenhada no desenvolvimento do reino da nossa existência.

Paremos de cobrar o outro por nos fazer mal ou pelas nossas mazelas. Se queremos amor, então vamos nos dar amor. Se desejamos reconhecimento, então, permitamos nosso autorreconhecimento. É a relação da essência com o ego que determina o bom relacionamento no externo. Quando essa relação entre nossa alma e nosso humano não está ancorada, então, estamos incompletos conosco. Essa incompletude cria uma carência.

A ilusão mais comum é a tentativa da eliminação da carência buscando a completude com o outro. O preenchimento que vem do outro é ilusão e não se sustenta. E quando o vazio emerge, novas buscas externas e cobranças podem emergir. Quando o outro não nos provê prontamente, ainda pode vir o ressentimento, afastando ainda mais a distância entre ego e essência. A distância entre alma e ego não só traz cobranças conscientes ou inconscientes aos outros, como também ao universo.

A pessoa separada (alma – ego) também está separada do todo, portanto, não acredita no lado bom das pessoas nem na generosidade abundante do universo. Tal crença interna está na raiz de muitos sentimentos negativos, tais como inveja, ciúmes, crença de ser injustiçado(a), competitividade, ganância, diferentes formas de raiva e abandono, entre outros. Essas pessoas mantêm uma perspectiva negativa de si, dos outros e da vida. Querem mais para si, não reconhecem os desejos e as expressões dos outros nem querem pagar o preço dos próprios anseios, podendo permanecer na vítima ou na opressão.

Vamos observar as sutilezas desses aspectos em nós. Quem está lendo este livro já fez um caminho importante de desenvolvimento pessoal. Então, observemos, diante dos mínimos dissabores, as sutilezas de uma criancinha ferida e exigente dentro de nós. Não vamos perder as oportunidades diante dos episódios desconfortáveis de mergulhar e curar sempre um pouco mais, trazendo luz para o que ainda é escuro em nós. Este é o caminho de cura dos relacionamentos e da vida. Vamos nos responsabilizar pelo que se manifesta em nossas existências.

A quinta dimensão é autorresponsabilidade para a independência. A aliança do ego com a essência cria força interior, amor-próprio e confiança inabalável. Quando confio verdadeiramente em mim, não pelo ego, mas pela parceria do ego com a minha essência, então, sinto confiança no outro, porque estarei me relacionando com o outro a partir da essência dele. A crença da confiança no amor cria situações afetivas positivas que, por sua vez, fortalecem mais ainda a autoparceria. Autofelicidade gera felicidade. Vitimização gera motivos para a vitimização. A vibração energética cria situações para que ela continue existindo.

Observe que os problemas de relacionamento são sempre os mesmos para a pessoa. E qualquer que seja o problema, a sensação de que se está perdendo algo está sempre presente. Na rejeição, nos ciúmes, na traição, a percepção é de que se está perdendo o afeto. Na opressão, a perda é da liberdade de ser, e assim por diante. Se no momento em que está acontecendo a repetição da circunstância afetiva negativa colocamos nossa vontade consciente de não continuarmos nessa frequência, há uma brecha para a mudança. A chave é a escolha da não continuidade da posição da vítima. A vitimização não está somente na manifestação dramática para com o outro, mas também em ser determinado por qualquer pessoa ou circunstância.

A mudança pode acontecer no exato momento em que se está na negatividade e pela mente a pessoa tem certeza de que está certa, ainda assim, o treinamento é chamar o eu essência e adulto para a situação. Observe bem que não é reprimir os sentimentos negativos, ao contrário, eles precisam ser bem reconhecidos. Devemos trazer nossa parte de luz para a situação. Geralmente, quando há um desentendimento ou uma negatividade, na maioria das vezes, só depois que pode vir a percepção que não se estava certa. A percepção posterior já é um grande passo. Com o tempo de prática da luz, podemos alterar o negativo para o positivo no instante em que está acontecendo. O sentimento de vítima está na base da resistência para a manutenção da intencionalidade inconsciente negativa, que percebe e atrai as negatividades na vida. A vítima está sempre em dor ou causando esta a outros, em geral, de forma inconsciente.

A defesa mais comum para sair do papel de vítima é o controle. Entretanto, essa não é uma saída saudável, apenas ilusória. Controlar, determinar, oprimir ou manipular o outro para se proteger, a fim de não ser atingido, é uma ilusão de independência. Se a codependência está presente quando o outro nos determina, então, controlar o outro é tão codependência quanto ser controlado. A reação para se proteger do outro é tão codependente e aprisionante quanto ser sua vítima. Ambas as posições são armadilhas egoicas que mantêm o indivíduo no aprisionamento e esvaziado de si. Enquanto a procura para a solução dos problemas de relacionamento estiver no outro, nada será modificado. E trocar a parceria sem o trabalho interno é continuar na mesma relação.

A única possibilidade de ficarmos bem nos relacionamentos é estarmos completos com nós mesmos. A autocompletude garante a independência emocional. Dessa forma, naturalmente não criamos codependências. O relacionamento interdependente, que é a base da quinta dimensão, é a relação com o outro com autonomia energética. Não é nem se fundir com o outro na mistura, nem a separatividade.

Estar completo consigo é uma construção. Poucas pessoas nascem em famílias totalmente apoiadoras para o ser, atraído circunstâncias que contribuirão para que elas sejam plenamente quem são. Claro, atraímos situações que legitimam e fortalecem quem somos. Entretanto, por bloqueios com os quais já nascemos de vidas passadas, também temos incompletudes que atrairão situações desafiadoras. A vida é um caminho de passos construtivos. A expectativa de iluminação é uma punição egoica. Esperar estar pronto em uma existência é viver em frustração. Não precisamos ter expectativa alguma sobre nosso processo pessoal. Temos de ir vivendo, procurando dar permissão para emergir o melhor da nossa essência a cada dia. E é de total importância irmos reconhecendo nossas conquistas evolutivas mínimas. O autorreconhecimento é a chave da autoparceria, que é a base do amor-próprio e da autoestima inabalável.

Reconhecer-se cria autoconfiabilidade, enquanto expectativas egoicas elevadas sobre si criam uma sensação crônica de fracasso e, consequentemente, uma baixa estima. Podemos ter ideais elevados, mas não expectativas de cumpri-los. Nosso propósito coletivo é a iluminação, que seria um estado total de autocompletude, mas é saudável não esperarmos alcançá-la em uma existência. O ego rígido que busca a perfeição está aprisionado numa ilusão espiritual punitiva. A maior ilusão é que já somos perfeitos em essência. O grande autoengano é buscar a perfeição egoica. Tal pretensão só afasta mais ainda o humano do ser essencial.

O reconhecimento da essência está muito além de se elogiar, porque o elogio pode trazer uma cobrança para a manutenção da autoimagem. O elogio está mais ligado a apreciar o ego. Isso nada tem a ver com criar uma autoestima consistente. Pelo contrário, só deixa o indivíduo mais refém da demanda egoica. O reconhecimento está relacionado a uma apreciação a atributos e ações provenientes da nossa essência. Quando fazemos algo que vem da essência, sendo a ação positiva para nós e para o todo, fluímos apreciação; então estamos reforçando nossa verdadeira autoestima. É importante esclarecer que podemos também apreciar nosso ego. Nosso eu humano também precisa de reconhecimento. A questão é saber que o que somos no ego não é o que somos, mas o que estamos. Só precisamos ter consciência do caráter perecível do ego.

Ego expandido ou aparentemente forte muitos podem ter, porém, autoestima inabalável é bem raro. Esta provém de um amor incondicional por si mesmo que quase ninguém possui. Quase todos os mapas astrais que já fiz apontam que a pessoa tem certo grau de autodesamor. As consequências disso para cada um são diferentes e estão inscritas na roda zodiacal, contudo, a origem de quase todos os bloqueios está na retirada do amor por si. O autodesamor promove o desamor ao próximo, sendo, portanto, a origem de todos os males. Amor incondicional por si é o caminho que a alma anseia para a restauração harmônica do todo.

O Brilho do Ser Essencial *versus* A Aprovação das Pessoas

Tentar controlar o que os outros pensam de nós só gera apreensão, assim como tudo o que não depende de nós. Podemos modificar o que pensamos sobre nós mesmos, mas não temos controle sobre o que os outros pensam. Assim como não temos nenhum controle sobre a vida dos demais. Observamos que grande parte dos desentendimentos de relacionamentos é proveniente do desejo de modificar o outro. Precisamos realizar a prática de não nos importarmos ou nos preocuparmos com nada que não esteja sob o nosso controle.

Quando nos nutrimos de nós mesmos, deixamos de buscar no outro qualquer tipo de preenchimento. A saída da codependência é a base da liberação da tentativa da aprovação pelas pessoas ou do controle sobre elas. Ninguém tem o poder de nos definir ou nos magoar. O autoabandono é que dá permissão para o controle dos outros. Não faz sentido algum formarmos uma imagem sobre nós mesmos com base nas questões subjetivas de outras pessoas, sendo que a maior parte delas está inconsciente e cheia de problemas emocionais, realizando os julgamentos com base em suas questões não resolvidas. O problema no julgamento está com quem julga, não com quem é julgado.

Quando nossas manifestações e ações são provenientes da nossa essência, podemos ser apoiados pelos nossos próximos, que têm capacidade de reconhecer quem somos em essência. E se estamos apropriados de nós mesmos e em nossa verdade, realmente, não nos importamos em sermos apoiados. Sempre haverá pessoas em nosso caminho que não irão nos reconhecer. E ainda que nossa criança interna manifeste algum desconforto diante da desaprovação, quando estamos ancorados em nossa essência, não modificamos nada em nossas vidas com base nos desejos ou até mesmo caprichos dos outros, mas decidimos e escolhemos pela nossa verdade.

Se estamos em nossa verdade e o outro nos desaprova, o problema está no outro e não em nós. Se ele não é capaz de enxergar quando estamos em nossa verdade, é porque questões inconscientes próprias ou do outro estão impedindo que a essência seja vista. Aqueles que nos reconhecem costumam nos apoiar quando estamos em nossa verdade, mas não é por tudo que manifestamos ou pensamos que seremos apoiados.

Mesmo aqueles que mais nos reconhecem ou que sejam mais ressonantes podem não nos apoiar. Ainda que, em questões que sejam realmente significativas para as nossas vidas, os nossos próximos mais ressonantes não nos apoiem, por questões subjetivas deles, sigamos em nossa verdade. Com o tempo, possivelmente, seremos reconhecidos e apoiados muitos deles. Assim também fazemos com os demais. Quando estamos na essência, mesmo que não pensemos da mesma forma que o outro, mas se reconhecemos que este está em sua verdade, inquestionavelmente somos apoiadores.

Tendemos a apoiar ou ser apoiados quando é a verdade do ser que está sendo manifesta. Porém, quem está totalmente na quinta dimensão respeita a escolha do outro, mesmo quando esta não pareça ser verdadeira. Isso porque a verdade sobre o outro nunca está em nós. Cada um tem a verdade completa sobre si em seu portal da alma. Além disso, mesmo que existam desvios, pode haver um sentido e um propósito para as ações. Por essa razão, não podemos interferir nas escolhas das pessoas. Claro que podemos alertar o outro caso ele esteja "indo para a beira do abismo", mas o que estou trazendo aqui não diz respeito a questões de sobrevivência.

Quase todas as pessoas se relacionam tentando interferir e controlar seus próximos com base em sua própria subjetividade. Poucas pessoas têm real percepção do outro. O egocentrismo é absolutamente imperativo nas relações. Ainda que estejamos mais em nossa essência, e sintamos e percebamos o outro, não estamos o tempo todo no lugar do ser essencial. E quando estamos fora da essência, não somos capazes de enxergar o outro nem a nós mesmos. Nas relações de codependência, o poder da verdade é atribuído ao outro, mesmo que ele esteja totalmente fora da essência. Realmente é uma grande loucura determinar as escolhas da vida com base na aprovação de outros indivíduos. Como é comum escolhas importantes da vida seres definidas a partir do outro e não de si mesmo!

Quase todas as pessoas irão afirmar que escolhem verdadeiramente tudo em suas vidas. Porém, a pior contaminação das distorções dos outros sobre as nossas vidas acontece de forma inconsciente. A codependência do campo familiar pode fazer a pessoa escolher sua profissão, seu casamento, sua moradia, sua opção sexual, seus relacionamentos sociais, entre outras escolhas importantes na vida baseadas fora de si, desviando-se de sua essência para seguir a adaptação ao campo. As escolhas feitas fora de si, além de promoverem frustrações, ainda atrapalham a harmonia do todo.

Quando alguma escolha da vida está em desacordo com o próximo, que tem uma importância afetiva, ou com o grupo familiar ou social, é comum ficarmos desconfortáveis. A questão é acolhermos nossa verdade, nos apoiarmos incondicionalmente e seguirmos em frente com nossa essência, ainda que todos possam estar contrários ao que estamos manifestando.

Vamos dar um exemplo: José é o mantenedor da casa, tem um emprego estável, mas em algum momento conecta-se com sua verdade, descobre que sua escolha profissional não estava plenamente ressonante com sua essência, daí emerge um anseio da alma para um novo caminho e ele comunica que pedirá demissão. Sem saber da verdade interior de José, quase todos, exceto os que estejam mais em sua essência, portanto, os mais capazes de perceber a essência do outro, irão desapoiar, criticar e até mesmo acusá-lo de estar louco. José precisará ter um amor incondicional por si mesmo para sustentar sua autofidelidade e seguir na sua verdade. E o que acontece com José se ele não ouve sua alma e, por medo inconsciente do abandono, cede ao campo e reprime ou ignora seu anseio? Na verdade, ele fará mais mal para seus próximos negando a essência, porque sua frustração contaminará não só ele mesmo, mas também os que estão à sua volta. Deixar de fazer uma escolha verdadeira por medo de trazer incômodo para os outros é um grande autoengano. É melhor um desconforto para si e para os outros até a nova adaptação que passar a vida inteira no desvio da essência. O desconforto inicial da mudança é passageiro.

Todas as pessoas têm em sua essência capacidade para lidar com qualquer novo cenário. O ser humano em sua essência é resiliente e capaz de abertura para o novo. A mudança do outro não tem o poder de arrasar a vida de ninguém. Cada um é responsável por si diante da mudança dos outros ou da vida. Claro que a vítima sempre vai tentar aprisionar os "culpados", mas aceitar a vestimenta do culpado é retirar o poder de si e dar para o outro.

Muitas vezes, a pessoa deixa de agir para continuar alimentando uma vítima controladora que está do seu lado. Em muitas relações de codependência existe uma vítima, que está abandonando a si mesma para se alimentar do outro. Ela não está fazendo mal só para si, mas também para o todo. A vítima que controla e o culpado que é determinado pelo outro estão traindo seu ser essencial e, consequentemente, estão criando dor não apenas para suas próprias vidas, mas, sobretudo, para o todo.

O exemplo de José no seu profissional serve para todas as outras questões da vida. Em anos de consultório, nunca vi ninguém que seguiu a verdade da essência e ficou infeliz. Pelo contrário, seguir a própria essência é a única forma de sermos felizes e possibilitar que os outros também sigam seus caminhos. Ainda que haja dor nas mudanças, esta é passageira. Essa dor é legítima, e deve ser honrada e acolhida. Em muitas mudanças, o ego humano pode estar triste, mas a alma, muito feliz. Diante das escolhas da essência, ainda que num primeiro momento as emoções humanas, como medo, tristeza, abandono, entre outras, venham à tona, há uma paz que está presente. O medo do humano e a paz da alma podem, muitas vezes, estar ocupando o mesmo espaço na multidimensionalidade que somos. Podemos diminuir consideravelmente a aparição do medo em nossas vidas, conforme vamos nos alinhando com o nosso ser e cuidando da criança interior, mas as emoções fazem parte do nosso sistema e nunca vão desaparecer. O sábio sustenta sua verdade não porque não tenha medo, mas porque não dá crédito a essa emoção. A sabedoria da vida não está na busca da eliminação das emoções humanas incômodas, mas no caminhar para o que somos, além do nível humano. Não agir para evitar a dor pode, muitas vezes, nos desviar do propósito.

Quase todos querem ter paz, mas costuma haver muitas distorções nessa questão. O eu humano confunde o medo com a busca da paz. Não fazer as mudanças necessárias para não trazer perturbações para a vida não tem nada a ver com ficar em paz. Ficar em harmonia com as pessoas ou com o todo só é possível quando estamos o mais próximo possível da nossa verdade. Quem não é quem é, por medo, tem frustração, não paz.

É comum a máscara da serenidade esconder uma sombra de ressentimentos e raivas inconscientes. A pessoa, desviada do seu ser essencial, sempre provocará perturbações no ambiente. Ela pode acreditar que é espiritual e tem paz, mas alguém ou alguns estão pagando a sua conta. A frustração gera uma dor no ambiente que alguém irá captar. É comum uma pessoa na máscara da espiritualidade, com negação em relação aos seus aspectos humanos negativos, ter um(a) companheiro(a) com depressão ou filhos com problemas significativos, por exemplo.

Quando não fazemos o que somos, podemos até perceber uma sensação de tranquilidade por termos evitado o risco. Todavia, logo a perturbação se fará presente em si ou em seus próximos. A paz não é algo que se obtém provisoriamente, mas um estado constante do ser integrado e alinhado com a essência. A perturbação decorrente das mudanças promovidas pela escolha da verdade é muito diferente da perturbação que pode surgir em si ou no ambiente quando se está fora da essência.

O incômodo decorrente da mudança em direção à essência, além de ser passageiro, está só no nível humano, enquanto a autotraição promove dor na alma. O ser humano pode estar na máscara da harmonia e com sua alma em dor, enquanto aquele que segue sua verdade essencial, ainda que esteja em dor provisória, está com sua alma radiante. Não há nada mais próximo da felicidade que o deleite espiritual de ser quem se é. E todos os dias temos oportunidade de praticar o ser essencial, estando na verdade da essência não só nas grandes escolhas da vida, mas também nas pequenas. Manifestar a essência, bem como enxergá-la nas pessoas, é um convite que o universo nos faz diariamente.

Vamos dar pequenos exemplos de desvios da essência no dia a dia:

- Ter inspiração de falar algo e não dizer por medo da desaprovação.
- Escolher o que está mais fácil em vez do que é mais ressonante, por exemplo, o lugar onde almoçará.
- Chegar a um lugar e deixá-lo pior do que estava por meio de sujeira física ou energética.
- Perceber que está com alguma perturbação emocional e não silenciar para se acolher. A carga emocional possivelmente será descarregada em alguém.
- Fixar um olhar negativo sobre as pessoas ou ainda falar negativamente delas. O ser da pessoa sente quando está sendo de alguma forma desprezado, mesmo que não seja verbalizado.
- As pessoas respondem aos campos. Pensar negativamente sobre alguém é contribuir para que ela continue na negatividade. Claro que podemos enxergar a sombra das pessoas, mas podemos não alimentá-las com nossos pensamentos, nem tampouco com comentários.

Há inúmeros exemplos, mas resumindo: quando não estamos na luz da nossa essência, estamos na sombra. Praticar conexão com o portal da alma diariamente e sempre que perceber que saiu da sua autorressonância é o que precisamos fazer para levar luz ao mundo. Servir à luz não está em palavras, mas em vibração. E o brilho da nossa luz está em sermos o máximo possível a plenitude que somos, eliminando tudo o que não somos. Por essa razão é que Jesus disse que a espada é anterior à paz. Necessitamos da espada para cortar o que não é ressonante em nossas vidas e, assim, por consequência, obtemos a paz.

Amizades na Quinta Dimensão

"Todos os homens nascem para compartilhar a bondade, como a compaixão e o bom coração."
(Confúcio)

A amizade decorre do encontro de pessoas afins. Elas podem se atrair por diferentes tipos de afinidade. Há os amigos circunstanciais, atraídos por terem algo em comum em determinado momento da vida. Quando o ponto em comum que os unia é alterado, o afastamento pode ou não acontecer. Essa alteração pode ser, por exemplo, a saída de uma das partes de um grupo do qual fazia parte. Geralmente, quando se dissolve o aspecto externo em comum, o afastamento ocorre. Mas a alteração interna é ainda mais determinante para o afastamento. A transformação de uma das partes pode ou não levar seus próximos a também se transformarem. Enquanto ambos estão se transformando, a conexão possivelmente continua. Porém, quando um se transforma e o outro não, mesmo que continuem fazendo parte do mesmo grupo, a separação acontece.

As pessoas se relacionam por complementaridade e por propósito. Tal complementação pode ser pelo bloqueio, por qualidades essenciais em comum ou por ambas as possibilidades. Quando há complementação pelo bloqueio, a transformação da negatividade presente em uma das partes irá promover a separação ou a transformação no outro. Vamos dar alguns exemplos: amizades que se complementam entre opressor e oprimido – a mudança de qualquer um deles modifica a relação. Quando o oprimido assume seu poder, pode provocar uma mudança no opressor ou pode afastá-lo. Caso a transformação no outro não aconteça, o opressor procura inconscientemente um novo oprimido, e o que deixou de ser oprimido procura uma relação mais respeitosa. O mesmo acontece quando o opressor se transforma e a vítima não. Então, o oprimido procura um novo dominador para se relacionar.

Quando as pessoas são mais conectadas pela ressonância da alma do que por questões de complementaridade emocional ou por afinidades circunstanciais, mesmo que o afastamento aconteça, a amizade continua. Podemos não mais nos complementar com determinado amigo porque mudamos o padrão, mas quando existe ligação de alma, ainda não havendo mais a complementaridade emocional, a ligação permanece no nível espiritual. Mesmo quando diminuem as afinidades da vida prática, a ligação de alma continua.

Afinidades fazem parte do eu humano. Como nossa parte humana está sempre em transformação, as afinidades tendem a mudar, acontecendo as separações. Isso não significa que as pessoas não eram amigas porque se afastaram. A amizade circunstancial serve a um propósito temporário. Quando o aprendizado foi completado, caso não haja um vínculo mais forte de alma, naturalmente a separação acontece e a amizade "termina", mesmo que o afeto ainda exista. As pessoas, tanto em amizades quanto em relacionamentos íntimos, muitas vezes, se separam não porque o amor acabou, mas porque o propósito da relação foi cumprido. E em ligações de alma, ainda que haja o afastamento, a amizade continua. É aquele amigo que você pode ficar um longo tempo sem ver, mas quando se falam pessoalmente ou pelo WhatsApp, a conexão é a mesma.

A amizade de alma é um presente divino. Um pequeno contato preenche ambos de luz. As amizades que acontecem no nível pessoal têm uma função temporária, enquanto as que ocorrem no nível transpessoal, pelo encontro de almas, nunca terminam. Quando se encontram em outra existência, as almas se reconhecem pela vibração. Esse amigo de alma pode ter inúmeros defeitos, mas isso não tem importância para você. Quando você é atingido pela negatividade de seu amigo de alma, pode recuar, mas o vínculo não quebra. Assim, as divergências que acontecem pela complementaridade de sombras podem não abalar a amizade de essência. Claro que se é algo que fere a integridade ou se o bloqueio torna-se crônico e não eventual, não permanecemos em vínculos tóxicos. Quando estamos na quinta dimensão, não fazemos mal a nós mesmos, porque temos autoamor e autofidelidade inabaláveis.

Independentemente se a união entre os seres ocorreu pela circunstância temporária, quer dizer, por afinidades, ou pontos em comum do cotidiano, ou pela conexão de almas, todo encontro é sagrado. Mesmo aqueles que nos fizeram mal são sagrados. Se olharmos qualquer aspecto de nossa história com o olhar da vítima, então, negligenciamos a oportunidade de aprendizado. Além disso, desonrar nossa história tira nosso enraizamento, ou seja, perdemos parte da conexão com a Terra quando vamos compartimentalizando nossa vida entre eventos bons e ruins. Precisamos honrar nossa história, incluindo nossos desvios da essência, pois ferimos nossa estima quando desprezamos nosso passado. Aspectos dolorosos precisam ser incluídos para sermos inteiros.

Não existe nenhum encontro que seja aleatório para o universo. Os seres sempre se encontram para aprendizado e crescimento. Tudo o que acontece tem uma função divina. Ainda que não seja de forma consciente, todos os encontros trazem contribuições. As relações são oportunidades de despertarmos o olhar para nossas sombras ou para a expansão de nossa essência.

Mesmo que não tenhamos afinidades ou pontos em comum, cada humano que encontramos na vida é uma oportunidade de abrirmos o coração e entrarmos em ressonância de alma com todos. Podemos escolher não conviver com pessoas que não são ressonantes com nossa energia, mas quando estamos na essência e num padrão vibratório da quinta dimensão, estamos em harmonia com todos os seres. E mesmo com pessoas que encontramos, por algum motivo, que não sejam tão compatíveis com nossa vibração, podemos criar um campo harmonioso quando nos colocamos em nossa presença do ser essencial.

Quanto mais estamos em nossa essência, mais podemos fazer conexão de alma para alma. Não é uma casualidade encontrarmos pessoas que amamos e que nos amam. Quanto maior é nossa relação de amor com nós mesmos e com o universo, mais nos tornamos um canal de amor que atrai relacionamentos amorosos. O ser da quinta dimensão atrai amorosidade nas relações afetivas íntimas, profissionais, sociais, familiares, bem como atrai gentileza dos desconhecidos. Quando o indivíduo ressonante com a quinta dimensão encontra algum tipo de maltrato, o que é raro, então, logo se conecta consigo mesmo para reconhecer qual é seu aspecto interno que atraiu aquela circunstância. Já se reconhece e se acolhe, assumindo sua total responsabilidade pela hostilidade que atraiu, liberando o outro na luz do perdão e retornando para sua própria ressonância. O ser da quinta dimensão pratica a autorressonância e é capaz de voltar para sua própria essência quando percebeu que saiu.

Amizade Essência

O ser da quinta dimensão não enxerga outros seres com o olhar da desconfiança. Pode ter amigos porque reconhece a essência das pessoas, além das suas sombras. Não busca o amigo ou o companheiro perfeitos, mas se abre para que as almas possam se conectar. Flui aceitação para as imperfeições humanas de seus próximos, assim como reconhece e acolhe suas próprias. O ser da quinta dimensão não está na defesa ou no ataque, querendo controlar ou modificar o outro, mas na abertura para priorizar o olhar sobre sua luz.

O ser da quinta dimensão atrai amor porque é amor. As pessoas querem estar ao seu lado porque ele vibra amor e está na sua verdade. Querer receber amor, distorcendo quem se é, é a armadilha perfeita do ego para atrair desamor. Pessoas em sua integridade e inteireza são companhias agradáveis.

O ser da quinta dimensão interessa-se por outros seres, sem se prender aos dramas dos outros em um padrão codependente, mas fluindo atenção. Ele põe o coração no relacionamento por meio de sua presença, transbordando sua essência amorosa em acolhimento. Ele não está na mistura, mas na unidade. Ser um em essência com o outro é uma experiência divina.

O amigo essência fica confortável quando ele mesmo não está tão bem e o seu próximo está vibrante de felicidade. Na terceira dimensão, se diz que amigo é aquele que está junto na tristeza e na dor. Entretanto, muitas vezes, estar sempre disponível para compartilhar a dor daquele amigo é mais sinal de codependência do que amizade essência.

Na quinta dimensão, somos quem somos com as pessoas e abrimos um espaço de continência para que elas também possam ser como são e estar como podem estar. Se nosso amigo está bem e não estamos, não retiramos nada de sua energia, mas nos alegramos com ele. Por outro lado, também, se nosso amigo não está bem e nós estamos, então, sustentamos o que é bom. Não precisamos diminuir nossa luz para deixar ninguém mais confortável. Ao contrário, a sustentação do nosso alto padrão vibratório possibilita que a energia mais densa de nosso amigo se movimente, abrindo possibilidade para uma melhor composição de seu campo multidimensional. Como expliquei anteriormente, no princípio quântico energia sutil movimenta a densa. Fazemos mal para nós mesmos e não fazemos bem para o outro quando recolhemos nossa luz. O amigo essência não esconde nem sua luz nem sua fragilidade.

Mais do que um coração aberto, para viver um encontro de almas, é preciso ir além do ego em direção à vulnerabilidade. Compartilhar vulnerabilidades cria laços profundos, além de promover cura em todos os níveis. Nunca perdemos na entrega amorosa. Ainda que haja alguma decepção, decorrente de dissonâncias inconscientes, que ainda não foram processadas, as recompensas são infinitamente maiores. Em todos os aspectos da vida, somos recompensados quando nos entregamos, não somente pelos frutos que colhemos, mas também pelo saborear da experiência. Entrega com os pés no chão é a atitude do ser da quinta dimensão. Se os pés não estão ancorados na terra, não estamos sendo confiáveis para nós mesmos, portanto, podemos não atrair relações de confiabilidade. O que acontece com nossos sentimentos sempre é de nossa responsabilidade. Quando somos nosso próprio amigo, temos mais segurança para atrair o amigo essência.

Compartilhamento

No passado, algumas vezes fui chamada de ingênua por confiar nas pessoas. Ainda que tenha tido alguns desapontamentos por conta da atração de minhas próprias sombras, ganhei muito mais do que perdi. Construí um casamento pela união de almas, amizades apoiadoras que compartilham essências, uma escola com alunos e clientes realmente dispostos à entrega profunda, porque sentem o campo de confiabilidade. Atraí inúmeras bênçãos por confiar nas pessoas e no universo. Quando depositamos confiança, recebemos de volta do universo situações confiáveis. Ser uma presença em essência cria uma vida rica em experiências preenchedoras.

A abertura do coração permite a construção de ligações de essência, as quais são os tesouros mais preciosos que o tempo não corrói, permanecendo para a eternidade. Além das recompensas no nível pessoal, quando abrimos o coração, atuamos no nível transpessoal, na contribuição para o campo de amor e confiança da Terra.

A Beleza na Quinta Dimensão

Para refletirmos sobre a beleza na quinta dimensão, vamos pensar nos animais. Existem os mais imponentes, mais fofinhos, mais charmosos, mas não há animais feios. Tudo o que há na natureza é belo: minerais, árvores, plantas, animais... Podemos ressoar ou não com eles, mas tudo o que está em seu estado natural tem a própria beleza. O que chamamos de feio é só uma questão de não termos ressoado. Se não temos ressonância com determinado tipo de planta, podemos achá-la feia, mas outra pessoa que ressoe com ela, a perceberá como bela. Em tudo na vida, gostamos do que ressoa com nossa vibração. Toda percepção estética é carregada de subjetividade. Definimos o externo como belo a partir da nossa vibração. Entretanto, tudo o que está em sua integridade, mesmo que não tenhamos ressonância, é belo. A alegria do ser é que exala o atributo divino da beleza.

Independentemente da avaliação pela ressonância, tudo o que vibra em seu natural tem sua beleza. É evolutivo enxergar o belo em tudo o que existe. Porém, o que muitas vezes acontece é que o belo pode estar escondido. Há pessoas que escondem a beleza que são por estarem identificadas com uma máscara egoica. Elas podem ser esteticamente "perfeitas", mas perdem a beleza por conta da saída do ser essencial. O ser humano, diferentemente dos outros reinos, consegue sair com mais facilidade de sua beleza natural.

Muitas vezes, o ego, buscando mais beleza, acaba escondendo mais a beleza do ser. Podemos perceber isso em algumas noivas, que no dia do casamento foram definidas pelo maquiador, pelo cabeleireiro, pela opressão egoica e podem nesse dia não parecer tão bonitas, exceto se esses profissionais estavam ressonantes com o ser que elas são. Para tudo, precisamos encontrar profissionais que ressoem com a nossa essência. Um tratamento dentário fluirá bem com um dentista ressonante, por exemplo. Um médico pode curar seu paciente se há ressonância entre a frequência de ambos. Para tudo na vida, se seguimos a orientação da essência, estaremos no fluxo e tudo se torna mais alinhado.

Uma pessoa bela tem um brilho que vem do ser. Pessoas ancoradas em sua essência vão usar roupas que ressoem com sua energia. A ressonância vai refletir o belo. Elas vão usar um cabelo que combina com quem elas são. Não é o cabeleireiro que vai definir o corte ou a cor que mais ressoa com quem somos. E para todos os aspectos estéticos, elas seguirão a própria verdade e não a demanda social. Seguir o externo, em vez de seguir a própria ressonância, é esconder o melhor de si em todos os aspectos.

Há pessoas que emagrecem e parece que algo se perdeu. A beleza não está em padrões. Existem pessoas que ressoam com serem mais magras e outras com serem mais gordinhas. A necessidade de seguir um padrão de beleza social torna a maioria das mulheres reféns. Vivem sob a ameaça das calorias. E como o ego costuma buscar a perfeição, o corpo nunca está bom. Grande parte das pessoas que emagrece depois engorda de novo. Isso porque não é o ego que manda no corpo. Ele tem sua vontade própria, e ficará do tamanho que for apropriado para o todo que a pessoa é. Uma negociação entre alma, ego e corpo pode amenizar o conflito. Intencionar que os três encontrem uma ressonância harmônica pode ser um caminho para sair do ciclo opressão – privação – frustração. A autoestima da alma também pode ser um guia para a condução da pessoa para além da opressão egoica.

A autoestima que vem da essência, além de nos libertar, também refletirá na beleza exterior. Pessoas que não são modelos de padrão de beleza social podem ser bem atraentes. Sabe aquelas pessoas que chegam ao ambiente e outras gostam de estar perto? Na quinta dimensão,

são essas que estão ancoradas no ser. A exacerbação egoica não está mais chamando atenção. Além disso, a autoestima genuína fará você se perceber como bela e o que pensamos de nós mesmas é emanado para a percepção dos outros. Muitas vezes, o que enxergamos em nós é o que os outros enxergarão. A pessoa na quinta dimensão tem autoestima genuína, porque já estabeleceu um autoamor incondicional e, consequentemente, vibra beleza. Mas o mais importante é que ela já se libertou da escravidão da aparência, porque reconhece seu próprio encanto. Ademais, também se libertou da percepção da vida a partir da forma e da necessidade de aprovação.

Para a terceira dimensão, identificada com a forma, envelhecer na aparência física é bastante sofrido. Muitas pessoas querem burlar as leis da natureza. Não há problema em interferir na aparência por meio de procedimentos estéticos e em raros casos até mesmo cirúrgicos. A questão é de que lugar interno tais interferências estão sendo feitas. Na maior parte das vezes, é a partir do medo.

Faz sentido interferir na aparência, caso a pessoa não se sinta bem com seu físico. Porém, pode ser mais profundo este desconforto. Quem tem um núcleo interno de baixa estima não encontrará satisfação com sua aparência, podendo se tornar escrava da estética. E como a natureza é implacável, a pessoa vai se sentindo cada vez mais desconfortável consigo mesma. A maior preciosidade que podemos ter na vida está bem longe de ser a aparência ou qualquer outro atributo externo. O melhor que podemos ter é uma boa relação entre nossa alma, ego e corpo. Se nosso humano não se sente pertencente à própria essência, sempre podemos nos tornar reféns em algum aspecto.

E, por fim, em ressonância harmônica com o nível físico, a pessoa vai beber água suficiente para seu corpo várias vezes no decorrer do dia (cada um tem sua medida), fazer exames para repor vitaminas, e o mais importante: SER! Olha no espelho, veja sua alma e sempre estará linda(o).

O Envelhecimento e a Morte na Quinta Dimensão

Na quinta dimensão, o envelhecimento é ressignificado. A desidentificação com a matéria abre a possibilidade para que o processo de envelhecer seja tranquilo. O quanto o indivíduo é conectado com seu ser essencial representa o quão confortável será seu envelhecimento. Sabemos igualmente que a energia é soberana sobre a matéria. Portanto, a condição física também é determinada pela condição energética da pessoa.

A Física Quântica comprova a possibilidade da total influência do campo sobre a matéria. Quem vive bem, envelhece bem. Temos a chance de influenciar significativamente nosso corpo físico. Entretanto, embora tenhamos o poder do nosso campo, não temos controle sobre nada. Precisamos tomar cuidado com a arrogância quântica. Não é porque possuímos um campo poderoso, capaz de interferir na matéria, que vamos garantir nossa saúde física. Em primeiro lugar, a doença pode ter um propósito. Além disso, nosso inconsciente, por mais que seja desbravado, tem muitos conteúdos ocultos que interferem em nossa existência. Sempre há algo inconsciente que pode atuar em nossa vida, independentemente de nossa boa condição vibracional. Quero dizer, um bom funcionamento energético pode conferir mais saúde, mas não pode garanti-la por completo.

Por essa razão é que um bom envelhecimento não requer só um campo forte cocriador, mas também o ancoramento no ser essencial. O único recurso garantido em nossas vidas é a essência, que nos confere sabedoria. Esse atributo é a ferramenta para o alívio de todos os males. É mais interessante ser sábio que saudável fisicamente. A saúde que realmente importa é a psíquica. Indivíduos sábios são idosos felizes. Diante de toda espécie de decadência egoica pela qual pode passar um idoso, seu alicerce está em seu ser essencial. E para os que se encontram em um caminho espiritual, o que podemos afirmar é que enquanto o ego cai, a essência sobe. Mesmo com as perdas, podemos ficar confortáveis com o ganho da essência.

A compensação de envelhecer é que, apesar da perda física, há o ganho espiritual. Quem viveu bem, transmutando seu inconsciente, sendo quem é em sua verdade e cumprindo seu propósito, envelhece bem. O sofrimento da velhice acontece quando a pessoa viveu com questões emocionais profundas não resolvidas e nos apegos egoicos. Degenerações cerebrais que, muitas vezes, acontecem no envelhecimento trazem à tona a luz e a sombra.

Isso explica por que há pessoas com algum tipo de demência cerebral que ficam mais afetivas, generosas e alegres, e outras agressivas e hostis. Tudo tem um propósito. Doenças podem trazer à tona tanto questões inconscientes não resolvidas como qualidades essenciais aprisionadas. Qual é o propósito da incidência tão grande do Alzheimer? Pessoas que eram inibidas se libertam, cobradoras passam a relaxar, entre outras possibilidades. O inferno interior pode vir à tona na velhice. Mas também o ser essencial, que sempre foi escondido pela repressão egoica, igualmente pode emergir.

A maior ou a menor identificação com o ego é que vai determinar nosso maior ou menor grau de tranquilidade e prazer não só na velhice, mas também em quaisquer circunstâncias. Somente a presença no ser essencial é que pode nos conferir uma felicidade genuína. Independentemente do que podemos obter, podemos estar felizes, porque há uma nutrição essencial que está além de quaisquer condições externas, como falamos no decorrer do livro.

O medo da morte, que poderia ser algo perturbador para a velhice, pode ser apaziguado pelo ancoramento no ser essencial. O medo da morte sempre é proveniente do ego. Quanto maior é a identificação com o ego, maior é o medo da própria morte e da morte de quaisquer outros aspectos ou coisas da vida. Quem está verdadeiramente na essência não teme morrer, porque sabe que a morte não existe, assim como sabe que tudo é maya (ilusão). Esse saber não é mental, é sentir. De que adianta conhecimentos sem o saber da essência? De que adianta conhecer Física Quântica e não ser quântico, conhecer a Kabalah e não ser cabalista, conhecer a psicologia transpessoal e viver na mente? Não adianta estudar Hermes Trismegisto e não incorporá-lo na vida prática. Em sua primeira lei, somos produtos da mente de Deus, e se o todo é mente, tudo passa. Ancorar os princípios de O Caibalion de Hermes na vida pode nos conferir uma sabedoria que nos liberta. Assim como outras linhas de sabedoria, tais como: Budismo,Taoismo, Sheicho-No-Ie, a essência de Cristo, Krishna, da mitologia, das Deusas... caminhos e mestres servem para despertar o que já temos.

Quanto maior é a desidentificação com a vida material, bem como a consciência da vida espiritual, menor é o medo da morte. O ser sabe que já nasceu e morreu muitas vezes. Esse é o processo inerente à dinâmica da vida. E quando ele sabe que foi quem ele era para ser na vida, então, não teme. Precisamos viver como se fosse o último dia, sendo a plenitude que podemos ser para não haver espaços para arrependimentos e culpas. Quem é o que é não tem culpa.

Quem amou a vida não teme o beijo da morte, pois pode devolver para a terra com tranquilidade tudo o que foi emprestado. Nada há a temer para quem viveu na essência, que sempre é preservada. Morrer em vida é não viver a essência. É ser um corpo agindo na terra sem a conexão com a alma. A depressão, muitas vezes, provém de uma parte interna que se perdeu de si mesma. Não há problema nenhum em morrer. Na verdade, é lindo o retorno à fonte para quem foi o que tinha de ser aqui nesta existência. O problema é permanecer com partes mortas em vida. Os filmes retratam bem a entrega corajosa do corpo à morte de bruxas, guerreiros, mestres que fizeram o que tinham de fazer na vida. Há uma felicidade para essas pessoas na entrega do corpo.

A liberdade do ser que está na essência não pode ser determinada por nada nem ninguém. Lembremos a citação de Mahatma Gandhi sobre o domínio inglês: "Eles podem me prender, me bater, até mesmo me matar, mas não terão a minha obediência". Quem vive obedecendo ao seu ser essencial, desobedecendo a demandas externas, contrárias a ele, não teme a morte.

Conta a história que William Wallace, guerreiro escocês que lutou pela libertação da Escócia contra o domínio inglês, gritou a palavra liberdade instantes antes de seu enforcamento público. Nada é mais nobre que ser livre para ser. As dores físicas desaparecem, mas as da alma permanecem sendo levadas para outras existências.

Ainda citando Gandhi: "O medo tem alguma utilidade, mas a covardia não". O covarde deixa de ser quem é por medo de perder algo que nunca possuiu. O corpo físico, a aprovação das pessoas e quaisquer tipos de dependências são sempre ilusões. É uma grande armadilha da terceira dimensão não ser quem se é para conservar o que não é. Estamos falando de fé. É preciso fé para ter coragem de ser. A fé é um estado de alma e não um conceito mental.

A fé nos move para a conexão com a alma, e a conexão com a alma expande nossa fé. A fé não é um pensamento egoico proveniente de nossa parte narcísica, a qual acredita que se somos especiais, Deus irá atender às vontades do nosso pequeno eu. Fé é a completa entrega ao ser que não espera nada em troca objetivamente. A fé não é linear, mas holográfica, e pode ser encontrada em tudo o que somos e fazemos.

O ser essencial é livre e preservado da morte física ou de qualquer mal terreno. É o caminho, a verdade e a vida. É o que é, sem começo e sem fim. O processo de envelhecer para quem viveu o ser essencial é sereno, como foi a vida. Ainda que haja medos, estes não são maiores que a plenitude do ser. Ainda que haja dúvidas, existe uma confiança interna inabalável. Ainda que haja qualquer desconforto do eu humano, há uma felicidade da alma. Os olhos humanos não são capazes de enxergar a felicidade em situações desfavoráveis no nível humano, mas o olhar da essência, sim.

Vocês já conheceram pessoas que passaram por situações muito difíceis e continuaram felizes ou que nascem em condições físicas desfavoráveis e são plenas em si mesmas? Essa estranha felicidade, que para os olhos humanos pode não ser entendida, está na presença do ser. O que pode parecer insuportável ou catastrófico para o humano, para a alma é só mais uma experiência. Muitas pessoas quando passam por situações desafiadoras têm a sensação interna de que não há saída. Essa sensação é proveniente das matrizes perinatais de nascimento.

É comum o bebê, ao fazer a passagem para a Terra, ficar com o registro do "sem saída". Vamos lembrar o provérbio tibetano: "Se seu problema tem solução, não há com que se preocupar; e se não tem solução, toda preocupação será em vão". Quanto o ego se desgasta na vida por aflições, sendo que a maior parte delas nem se concretiza? E quando algo é realmente difícil, como uma doença que se manifesta, temos condições internas para passar por qualquer adversidade. A conexão com nossa alma pode nos conferir bem-estar em qualquer situação.

O envelhecimento não é nenhum problema para o indivíduo alinhado com a quinta dimensão, porque o que pode parecer desesperador para o ego é natural para a essência. Mudanças na aparência física, chances de doenças, diminuição da energia vital, entre outras possibilidades, que podem se manifestar na velhice, podem não ser um problema para quem está vivenciando-as. Além disso, doenças físicas e perda energética podem nem aparecer. O que somos como adultos é o que seremos como idosos.

Enfim, para todas as questões humanas, a vida na quinta dimensão é mais leve e livre. A libertação da escravidão egoica pode nos conferir uma existência com plenitude e felicidade natural do ser. Nada pode nos garantir segurança, a vida é dinâmica. É uma ilusão aliar segurança com felicidade. Não precisamos buscar segurança, esta só pode, em realidade, manifestar-se como um estado interno natural do ser, alinhado com a Terra e com os céus. Só precisamos ser livres. A liberdade alinhada com o ser essencial é nossa maior aliada para a existência humana.

A Política na Quinta Dimensão

A mudança da sociedade na quinta dimensão não será promovida por nenhuma parte fragmentada, tal como a política, a economia, a religião ou qualquer instituição. A transformação social só pode vir da passagem da inconsciência dos indivíduos para a consciência. O mais apropriado que podemos fazer pela reforma social é simplesmente nos tornarmos pessoas melhores. O indivíduo ancorado em sua essência é naturalmente justo e ético. Ainda que o homem tenha suas maldades, que são apenas consequência de suas questões emocionais e psicológicas não resolvidas, em sua essência, ele é bom. O indivíduo que busca ser mais consciente, ainda que cometa o mal em pensamento, sentimento ou até mesmo na ação, reconhece seu desvio e retorna ao que é. A questão não é não desviar, porque somos humanos, mas estarmos despertos para nos guiarmos pela ética da essência, podendo nos realinhar sempre que sairmos de nosso projeto divino.

A consciência de sua divindade, a correção constante e a busca do alinhamento ao propósito cósmico original fazem, por ressonância, que outros também retornem à divina origem. Cabe aqui a lei do centésimo macaco, que mostra bem o funcionamento da ressonância por meio de campos que se comunicam. Em síntese, essa lei diz que quando se atinge certo número de indivíduos executando determinado comportamento, forma-se uma massa crítica que leva outros seres, mesmo que não tenham tido nenhum contato direto com aqueles, a manifestarem comportamentos similares. Assim, quanto maior o número de pessoas alinhadas em sua essência, mais a essência se manifestará na Terra.

A política, por si só, não é o que determina uma vida melhor para a sociedade, no entanto, ela é mais um aspecto que precisa estar alinhado ao novo mundo. A crise social é decorrente de estarmos num mundo de quarta dimensão com instituições de terceira. É uma questão de tempo a política entrar em ressonância com a quarta dimensão. Isso não é uma utopia, mas uma consequência evolutiva. A luz e a sombra sempre existirão, porque a sombra tem a função de nos mover para a luz. Caminhamos para uma integração entre as polaridades. É natural o caminho humano da dualidade para a unidade. Tudo caminha para sua origem divina. Assim, a política também caminhará rumo a seu propósito original.

Vamos observar o significado da política em sua origem. Política é a ciência que dirige um Estado ou nação para a compatibilização dos interesses. O termo se origina do grego: polis designa o que é público; e tikós se refere ao bem comum de todas as pessoas. Sua origem é em essência a quinta dimensão, cuja qualidade vibracional é o bem do todo.

Platão foi quem manifestou mais aproximadamente o formato político mais ressonante com a quinta dimensão. A política, em sua essência, busca a organização da terceira dimensão, a justiça da quarta e a verdade da quinta. Platão, por volta de 380 a.C., escreveu A República, livro que aborda seu projeto político e educacional.

A criação do projeto de Platão culminou com sua decepção com o governo injusto e corrupto de sua época, sobretudo com a condenação e a morte de Sócrates. A República traz o conceito do ideal de uma sociedade justa e harmoniosa. Para Platão, onde existia justiça poderia haver felicidade. Os interesses do governo são os interesses do conjunto social.

O primeiro princípio da justiça para Platão é a solidariedade social, que consiste na contribuição da pessoa para o bem-estar coletivo. O segundo é o desprendimento, atributo necessário para quem busca o bem comum. Para Platão, não poderia haver separação entre política e educação. Para ele, os homens precisavam ser educados para buscarem a justiça e o bem de todos. Somente assim eles poderiam conduzir a sociedade por caminhos que a levariam à plena felicidade. A filosofia poderia resgatar a ordem e a justiça nas relações sociais. O ideal de Platão era que os cidadãos atenienses fossem educados para viverem alinhados com a principal virtude para o bem comum: a justiça. Platão falava em filósofos reis, pois só um homem sábio poderia governar de forma justa.

O que podemos pegar do ideal de Platão para nosso tempo? Não temos candidatos filósofos, mas podemos eleger governantes que estejam mais ressonantes com a quarta dimensão. Não enxergaremos o nível de consciência dos políticos em seus discursos, mas em sua vibração. É muito simples: vá para o portal da sua alma e veja qual dos candidatos é mais ressonante com ela. Aquele que no portal da alma nos traz bem-estar ou menor perturbação é o mais apropriado. Votar no menos adequado pode ser uma atitude coerente, enquanto ainda não temos pessoas tão alinhadas para escolhermos. Abster-se do voto é uma questão polêmica. Por um lado, é deixar que os outros decidam por você. Mas também em situações que temos de escolher entre um ou outro, tal escolha pode ser violentar a própria alma. Todavia, podemos respirar mais e sentir qual escolha poderá ser a mais acertada para o bem do todo. E não havendo negociação interna, a anulação do voto pode estar mais próxima da verdade da essência.

A opção entre dois candidatos só acontece na escolha de presidente, governador ou prefeito no segundo turno, mas no primeiro sempre há uma opção mais ressonante. Para a eleição de vereadores e deputados, temos maiores chances de encontrarmos candidatos mais ressonantes com a verdade da essência. O portal da sua alma irá confirmar o candidato mais indicado para o bem do todo, que pode ser aquele que aparentemente mais o represente ou não. Nesse caso, prender-se a partidos é uma atitude separatista. O candidato mais ressonante pode estar em um partido menos ressonante. Para todas as escolhas da vida, podemos buscar a possibilidade mais ressonante.

Vamos entender aqui que o portal da alma é uma parte da essência maior, então, é a única parte em nós que é mais coerente com a verdade divina. Infelizmente, a maioria das pessoas elege seus candidatos com base em seu emocional, em gostar ou não gostar desse ou daquele indivíduo e a partir de suas crenças mentais, que quase sempre estão embasadas em separatividades. É comum a mente não estar alinhada com a essência, assim, o indivíduo tende a buscar o que não está em sua verdade essencial. O padrão separatista também leva a maior parte das pessoas a escolher seus candidatos com base em seus próprios interesses, sem priorizar o bem do todo.

Na quinta dimensão, buscamos a promoção do bem-estar geral. O posicionamento dualista entre direita e esquerda não é ressonante com a quinta dimensão, porque é excludente. A dualidade baseada no posicionamento político está em toda parte do mundo e muito fortemente no Brasil. O apego a uma crença pode comprometer a manifestação do que é essencial. Excluir pessoas com base em crenças políticas, religiosas ou de qualquer outra espécie é ir contra o que somos em essência: a unidade. É comum que a escolha política da pessoa esteja embasada em medos inconscientes. Portanto, ainda que seja desafiador para os egos, podemos nos disponibilizar a acolher as pessoas como elas são ou como podem estar. Julgar o todo por uma parte é limitante em qualquer aspecto.

Integração do todo para o bem comum é o modelo mais próximo da quinta dimensão. A visão esquerda ou direita está presa na dualidade e somente a unidade pode representar o bem do todo. Além disso, ainda que tenhamos uma posição consonante com nossos valores essenciais, mais ressonantes com a direita ou a esquerda, pode haver um candidato de centro, por exemplo, que esteja mais dentro da verdade do que o posicionamento que temos como crença. Não estou afirmando que o candidato de centro seja o mais adequado, mas que crenças são sempre limitantes. As crenças só podem ser absolutas se estão de acordo com nossos valores essenciais. Os valores essenciais são inegociáveis. Nossos valores da essência são os que deveriam nos guiar para as escolhas políticas, bem como para todas as escolhas da vida.

Vamos finalizar este capítulo com mais um filósofo: Confúcio, filósofo chinês, nascido aproximadamente em 552 a.C. A teoria política confuciana fala de um governante autocrático, que não age desumanamente com seus súditos. Um governante desumano corre o risco de perder o "Mandato dos Céus", ou seja, o direito de governar. Um governante que não tenha tal mandato divino não deve ser obedecido. Mas um governante que reina de forma humana e cuida do povo deve ser obedecido rigorosamente, já que a benevolência de seu governo mostra que ele foi incumbido pelo céu.

Na quinta dimensão, todas as instituições caminham para a expressão da verdade divina. Ainda que o homem moderno pareça estar tão distante da sua natureza divina, como um todo, caminhamos mais para a luz. Ser um humano divino não depende do tempo; ainda que estejamos na quinta dimensão, em todos os tempos existiram pessoas e grupos alinhados com o cosmos, que trouxeram contribuições divinas para o mundo. Vale lembrar aqui os druidas, indivíduos responsáveis pelas orientações pedagógicas, jurídicas e filosóficas dentro da sociedade celta. Os druidas buscavam o bem do todo. O sistema jurídico para os druidas era restaurativo e não punitivo. A punição não restaura, mas pode ainda criar mais dor, que pode conduzir o humano a um maior desvio da sua essência. A punição pode ser um inibidor da má ação, mas como despertador da consciência é não eficaz.

Enfim, tudo o que existe caminha para a maior expressão da luz. A integração reflete a consciência da totalidade. Nada do que nos cerca deve ser excluído, mas integrado. A política é um aspecto da existência, como muitos outros, a qual não pode ser ignorada, mas alinhada. Podemos não gostar ou não ressoar com política, mas podemos olhar para tudo o que existe encontrando a essência. Tudo faz parte da sacralidade da vida.

Negociação na Quinta Dimensão

A quinta dimensão representa mudança de paradigmas em todas as áreas. Não existe a pessoa ser alinhada na quinta dimensão para o amor e não ser para a vida financeira. Quem vibra na quinta dimensão age em padrões diferenciados da terceira, em todos os aspectos da sua existência.

Na terceira dimensão, fazer um bom negócio é levar vantagem sobre o outro. Na quinta dimensão, fazer um bom negócio é ambos os negociantes saírem preenchidos da troca. A terceira dimensão está presa na dualidade, assim, se um ganha o outro perde. Na quinta dimensão, não existe o ganha-perde, mas o ganha-ganha. Na unidade, todos podem ganhar. Para qualquer acordo ou concessão de qualquer espécie, financeira ou relacional, todos saem preenchidos.

Uma pessoa alinhada na quinta dimensão não quer levar vantagem sobre ninguém. Ela não se sente bem em agir separada do bem do todo. Isso vale para todas as questões da vida. Jamais vai prejudicar alguém, conscientemente, em qualquer aspecto, afetivo, profissional ou financeiro. Uma pessoa ressonante com a quinta dimensão é naturalmente justa. Assim, ela não costuma pedir desconto. Só solicita o desconto se avaliar que o preço está injusto para ela, porque também não se coloca em situação de injustiça para si mesma. Mas, por outro lado, ela também respeita as individualidades. O outro tem o direito de cobrar o quanto achar que merece ou deseja. Nesse caso, você tem a escolha de ficar ou não com o produto ou serviço.

A questão não é se o valor é alto ou baixo. Há profissionais que cobram mais caro, porque investiram mais em seus trabalhos, são mais competentes e para serem justos consigo podem cobrar um valor maior de mercado. Mas também há aqueles que não estão em sua integridade e cobram mais, por serem movidos pelo ego ou por terem uma imagem distorcida de si. A onipotência pode fazer a pessoa cobrar mais e a baixa estima, menos. Um profissional alinhado com a quinta dimensão tem seu preço justo, ele pode até por escolha, proveniente da orientação da sua alma, dar um desconto. Mas ele jamais vai colocar um valor maior pelo seu trabalho para negociar com outra pessoa mais abastada financeiramente.

A pessoa da quinta dimensão tende a atrair negociações com indivíduos também alinhados. Porém, se atrai alguém que não esteja alinhado, naturalmente, este pode se alinhar. Por exemplo, uma pessoa pode fazer negociações injustas com outras, mas não vai conseguir fazer com alguém da quinta dimensão. Quem vibra na quinta dimensão não costuma fazer negócios com quem está fora da sua integridade. Além disso, pela ressonância, uma pessoa pode ser injusta com quase todos, mas pode ter um comportamento justo com alguém que está na quinta dimensão.

A vibração da quarta dimensão é a justiça. Essa frequência presente na Terra está fazendo o que não é justo desmoronar. Empresas com padrão da terceira dimensão que focam somente o lucro, sem levar em conta o bem de seus funcionários, não estão se sustentando na nova civilização. Pessoas que prejudicam outras para seu benefício pessoal estão sofrendo revés. E isso acontece porque, por mais que o ego queira levar vantagem, a alma não deseja o prejuízo do outro. Assim, inconscientemente, atraem uma situação para cessar seu comportamento injusto.

O mais importante na quinta dimensão sempre é o bem do todo para todas as questões da vida. Aos olhos da terceira dimensão, uma pessoa da quinta dimensão negociando pode ser vista como ingênua ou bobinha. Mas, na verdade, ela é justa. Podemos dizer que ela é mais inofensiva que ingenuamente infantil. O indivíduo da quinta dimensão tem um eu adulto estruturado, portanto, não se move em padrões infantilizados. Além disso, ele já passou pela estruturação dos triângulos anteriores, o que lhe confere uma autoestima. Assim, não se coloca em situação de prejuízo, porque ele é confiável para si.

O indivíduo da quinta dimensão não se coloca em prejuízo, mas pode em algumas situações, aparentemente, dar mais que receber. Ele pode doar, mas estará recebendo um prazer espiritual. Há um ganho significativo na caridade consciente, não só espiritual, mas até mesmo na biológica, por conta do bem-estar adquirido pela liberação da endorfina, conferida pela ação compassiva ou fraterna. O ganho na quinta dimensão não é linear. Algumas vezes, de modo aparente, "perder" é ganhar. Podemos, por exemplo, perdoar uma dívida. Sob a ótica da terceira dimensão, de certa forma estaremos perdendo, mas para a quinta, estamos ganhando, pois no perdão estamos liberando a nós mesmos e ao outro de um gancho energético.

Em outras palavras, a quinta dimensão é verdade, assim, não há uma ação que desvie da honestidade ou da integridade. Priorizar a verdade é construir relações mais saudáveis e, consequentemente, uma vida mais alinhada com a essência. O alinhamento com a essência amplia a consciência da verdade, e a apropriação do atributo da verdade e da justiça nos move para o ancoramento na essência.

Prosperidade na Quinta Dimensão

Sabemos que para sustentar a vibração da quinta dimensão é preciso ter raízes firmes. Sem conexão com a Terra, não é possível sustentar quem se é nem a abertura do coração. Quando temos ancoramento energético na Terra, temos facilidade com as questões ligadas ao primeiro chacra, tais como vitalidade, saúde física e abundância material. O indivíduo enraizado não experimenta falta financeira. Para sustentar a alta frequência da quinta dimensão, o indivíduo passou pelo fortalecimento dos três primeiros triângulos. O trabalho energético realizado nesses chacras possibilita a abertura para a prosperidade, entre outras facilidades. A segurança do primeiro chacra, o autoacolhimento do segundo e a estruturação do terceiro são requisitos básicos para a provisão. Segurança, amor por si e estruturação da vida prática são aspectos dos três primeiros triângulos, fundamentais para o fluxo da prosperidade. Qualquer um dos três que ficar deficiente pode interromper o fluxo da abundância.

Pessoas muito espirituais, sem raízes, não sustentam a prosperidade. Não adianta se conectar só com o espiritual para obtê-la, porque a energia do dinheiro é ligada à Terra. Sem base não há sustentação financeira. Ainda que se ganhe, se perde para manter o padrão da falta.

O autoamor do segundo chacra também é importante para a prosperidade, porque uma das questões que sabotam a prosperidade é o sentimento, quase sempre inconsciente, de não merecimento; e o aspecto principal no que diz respeito a merecer é o autoamor. Ao resgatar a confiança em si e na vida, passa-se a acreditar na prosperidade como um mérito e um direito divino. A prosperidade é um campo que está disponível. As crenças inconscientes de desvalor impedem o acesso a essa fonte. O desvalor está na base de todas as formas de escassez. O segundo triângulo também está ligado ao prazer. A permissão ao prazer abre o canal da prosperidade.

Se você acredita que deve ter dinheiro para sua subsistência, é isso que será manifestado. Mas se você sentir que merece obter não só para sua sobrevivência, mas também para o seu conforto e prazer, então, atrairá maior ganho financeiro. Uma boa relação com a criança interna pode abrir a prosperidade. O que eu vou dar para alegrar minha criança? Sinta o que ela quer e se abra para dar. Passeios, viagens, saídas para restaurantes, entre outros prazeres que a criança dentro de você ou outros aspectos internos desejam, se forem ouvidos, fazem a prosperidade fluir. Entretanto, se você nega o seu desejo, já reprimindo sua criança dizendo que não vai dar certo, já fecha o fluxo das possibilidades.

É fundamental para o fluxo da prosperidade reservar parte do dinheiro para o prazer humano. Dizer que nunca sobra tambem é um padrão. E o universo responde trazendo situações de gastos. Precisamos compensar o ego e a criança, quer dizer, nossos aspectos humanos com o prazer. Claro que, quando esses aspectos estão no comando, a vida se torna empobrecida, mesmo que haja muito dinheiro. Em alguns casos, sob a ótica da quinta dimensão, ganho pode ser perda. O ego atrator sem conexão com a essência também não tem prosperidade, porque ainda que se obtenham grandes recursos financeiros, não há limites para a satisfação, criando, assim, um campo constante de falta. A criança interna e o ego precisam ser reconhecidos e respeitados, mas necessitam estar sob o comando do eu superior.

A estruturação do terceiro chacra, que traz a organização da vida prática, também é imprescindível para a sustentação material. Pessoas com a vida bagunçada ou com o ego fraco não conseguem sustentar a prosperidade.

Além da falta de energia na base, o que atrapalha a prosperidade da maior parte das pessoas espirituais é a negação ou a opressão dos aspectos humanos. Se você massacra sua criança ou rejeita seu ego, então está negando partes suas que irão sabotar sua vida. E uma das sabotagens é deixar você na falta. Integremos o nosso humano em vez de lutar contra ele. É uma falsa crença ter em mente que o espiritual não pode ser próspero. O dinheiro possibilita que você tenha mais conforto, bem-estar, prazer, aspectos que promovem um aumento da energia no campo: mais energia, mais disposição para cumprir seus propósitos. Agora, se você está na preocupação da falta, está na vibração do medo, logo, está atrapalhando o coletivo, por não estar na sua essência. A preocupação de qualquer espécie está sempre em oposição com a essência. O ser alinhado sabe e sente que a falta é uma ilusão.

Vamos deixar de hipocrisia: negar a matéria não é contribuição para o bem do todo. Fomos criados numa sociedade que supervaloriza o material, mas, ao mesmo tempo, temos raízes religiosas, que negam os aspectos do mundo físico. A vida material é um conflito para a maioria dos seres espirituais. Culpas inconscientes ligadas a crenças familiares ou a padrões emocionais de baixa estima bloqueiam a entrada do fluxo da prosperidade. Mesmo que se coloque uma intenção consciente de prosperidade, as contraintenções inconscientes podem sabotar o processo. Dessa forma, não basta intencionar, estudar Física Quântica, fazer orações, é preciso investigar e liberar os bloqueios inconscientes.

Crenças do campo ancestral e social, mesmo que sejam reconhecidas conscientemente, podem bloquear o fluxo da prosperidade. Não basta saber que existe o bloqueio, é necessário realizar um processo profundo de desimpregnação. Uma crença facilmente reconhecida diz respeito a que é preciso muito esforço para ganhar dinheiro. Ainda que a pessoa saiba que possui essa crença em seu campo, ela pode não conseguir mudar. Conhecimento não é consciência. Enquanto um vem de fora, o outro vem de dentro. A consciência consiste em vibrar em uma frequência diferente do bloqueio. O indivíduo pode saber do bloqueio e continuar vibrando nele. O trabalho para a conexão com a consciência não é mental, trata-se de um mergulho profundo no inconsciente.

A prosperidade também está correlacionada com a quantidade de energia no campo. Sem raízes firmes, a energia que sobe da terra é pouca, e se o segundo e o terceiro triângulos também estiverem bloqueados, mais a energia vai se esvaindo.

Outra questão importante para abordarmos sobre a prosperidade é a liberdade. É necessário ser livre para ganhar e ser livre para gastar. Prosperidade financeira não tem a ver com quantidade de dinheiro, mas com ganhá-lo com liberdade, sem opressão e gastá-lo livremente, sem medo. É claro que o desperdício rompe com o fluxo da prosperidade. Liberdade com alinhamento é uma boa combinação para a prosperidade.

Aprisionamentos em ganchos energéticos de dívidas também bloqueiam a prosperidade. Uma pessoa alinhada com a quinta dimensão não fica com o que não é seu. Devolve o que emprestou e não deve a ninguém. Se tiver uma dívida e não conseguir pagar, negocia para ir pagando aos poucos. Essa negociação já vai retirando o gancho. E se alguém lhe deve dinheiro, você pode cobrar uma vez ou até três vezes, caso não receba, pode entregar esse valor como uma espécie de pagamento para o universo, mas intencione trazer de volta para si a energia que estava envolvida nesse dinheiro ou em qualquer outra matéria. Libere, perdoe e recupere sua energia. Depois, solte-a definitivamente. Não deixe também alguém esperando para que você compre algo, mesmo em meros detalhes, como dizer para um lojista: "Depois eu volto". Promessas de qualquer espécie costumam criar ganchos energéticos que drenam a energia de ambos os envolvidos.

E, por fim, não só para a prosperidade, mas também para tudo na vida, o que cria é a vibração, portanto, quem se sente na falta continua criando falta, enquanto quem se sente abastecido, atrai mais abastecimento. Repetir que não tem dinheiro alimenta o campo da falta. Assim como pensar que está com dívidas. Pensar que está com prestações pode ser mais leve. Em vez de pensar que está sem dinheiro, pensar que está investindo em outras coisas também pode aliviar. Quando você quiser algo e não puder obter, não desvalide o desejo. Diga para esta parte sua que deseja que, no momento, você está investindo em outras coisas, mas que irá provê-la assim que possível ou negocie, substituindo por outra coisa. Se o que o ego ou a criança querem for legítimo, mas não pode ser obtido naquele instante, falar internamente: "Você nunca vai obter isso" pode romper com o fluxo da prosperidade, entre outros prejuízos emocionais, quando a opressão é um padrão.

A prosperidade financeira consiste em estar em alinhamento com o propósito do dinheiro. A função deste é suprir. E lembre-se de que a matéria obedece a comandos. Comunicamo-nos com o mundo material por fios de ligação que mantêm tudo interligado. Matéria é energia que responde à intenção. Então, basta dar comandos claros para obter o que se quer. Lembre-se, encontre um propósito alinhado para guardar dinheiro. Guardar dinheiro pensando que pode haver uma emergência é plasmar para que ela aconteça. Se guardar dinheiro, coloque um foco mais alinhado para isso, mesmo que seja guardar para ter o suficiente para quando a alma solicitar uma compra grande.

Quinta dimensão é fluxo e liberdade. A prosperidade na quinta dimensão é ser livre para obter e circular o dinheiro. Prosperidade na quinta dimensão requer a integração do divino com o humano, a fim de que haja uma boa relação entre o eu e a matéria. O universo responde magicamente às nossas intenções, que estejam livres das contraintenções. Se estamos em unidade com o universo, o natural é a provisão. O universo não tem outra alternativa, a não ser responder aos nossos verdadeiros anseios. Não é necessário gastar energia com o controle da mente. Se estamos em alinhamento com nosso humano e divino, nosso recebimento não é um problema que nossa personalidade tenha de resolver. Precisamos só ser, e por ser, fazer; como consequência, obter. O essencial é somente ser.

E o mais importante entre tudo que foi citado anteriormente: quanto mais nos alinhamos com a essência, menos precisamos de abastecimento externo. O mundo ocidental é hábil em criar falsas necessidades. O ser alinhado é feliz com a simplicidade da vida. Quem não tem um lugar de satisfação dentro de si também não encontra fora. A prosperidade na quinta dimensão é estar no propósito das provisões. Por exemplo, fazer uma viagem internacional para enriquecimento interior, como a captação de outros campos.

A prosperidade está a serviço do ser, muito além do que postar nas redes sociais. Se não sentimos o sabor da vida no simples cotidiano, também não sentiremos nos prazeres mais caros. Podemos observar que as experiências mais preenchedoras são simples e ocorrem magicamente, sem esperarmos. Podemos notar que os melhores momentos de viagens são os contemplativos; ou aqueles em que o amor e a alegria da alma estão presentes. Visitar um lugar com a percepção mental é muito diferente de senti-lo com todo nosso campo. O prazer essencial é vivido com o coração e não com a mente. Prosperidade na quinta dimensão é abertura para sentir a magia da vida em cada momento sagrado da existência.

Pais e Filhos na Quinta Dimensão

"Só se vê bem com o coração, o essencial é invisível aos olhos."
(Antoine de Saint-Exupéry)

Os pais da quinta dimensão criam suas crianças para o mundo, não para si. Há uma consciência de que estão prestando um serviço para o todo, educando um ser para que este realize sua essência na vida. Assim, embora haja um ego que tenha expectativas sobre os filhos, há um respeito pela individualidade deles, porque o propósito está à frente dos desejos do ego. E se os filhos não tiverem a própria individualidade, diferenciada da de seus pais, não poderão ser quem são plenamente.

Ser pai ou mãe na quinta dimensão é olhar os filhos com o olhar da essência, para que:

- Eles se sintam apoiados para serem quem são, possibilitando que haja a formação de uma autoestima inabalável.
- Eles se sintam amados pelo que são e não pelos seus feitos. Assim, eles não distorcerão quem são na tentativa de obter amor das pessoas.
- Eles possam se empoderar na vida, a fim realizarem seus propósitos. Os pais da quinta dimensão não impõem seu poder sobre os filhos nem se submetem a eles por medo inconsciente de não serem amados.
- Eles possam saber que é seguro ser quem são. Assim, podem desenvolver uma autoparceria. Se forem confiáveis para si mesmos,

não se colocarão em situações de risco, mas terão atitudes construtivas em suas vidas.

Os pais contribuem para que os filhos sejam saudáveis, realizados e felizes quando fluem reconhecimento a estes. Ainda que haja aspectos de que a personalidade não goste, os pais da quinta dimensão são capazes de fluir aceitação para que os filhos se manifestem. A opressão em qualquer relação promove o ocultamento da essência do outro. Exceto se houver risco físico concreto para o filho, há um respeito para que ele viva as experiências que tenha de viver. Querer proteger excessivamente causa, na verdade, desproteção, porque o filho sente que não é confiável para si. Assim, ele terá a tendência a construir relações de codependência, em vez de sentir que pode se autoapoiar na vida.

O que mais acontece não é os pais podarem seus filhos por conta de algum risco real que possa ameaçar estes últimos, mas porque não querem que os filhos passem por sofrimento. Viver para evitar a dor é criar dor, porque viver na defesa e na reserva, evitando riscos emocionais, é impedir o fluxo da vida. Não é só uma questão de perder a oportunidade das experiências, empobrecendo a existência, mas também permanecer na defesa promove um esvaziamento dos sentimentos vibrantes. É retirar o brilho da vida. Viver evitando a dor cria infelicidade. O medo dos pais não contribui para que os filhos sejam plenos.

Mas há um aspecto ainda mais nocivo que vai além do medo do sofrimento do filho: é a necessidade inconsciente de os pais obterem a aprovação das pessoas. Quando os pais são inseguros, eles querem filhos perfeitos para satisfazerem seus próprios egos. Pais da terceira dimensão desejam, por exemplo, que seus filhos tenham uma profissão admirada pela sociedade, em vez de fluírem apoio para que façam suas próprias escolhas. Pais egoicos querem filhos admirados. Pais na essência querem filhos felizes. Os pais da quinta dimensão percebem seus filhos de alma para alma, portanto, reconhecem quando as escolhas de seus filhos provêm da essência. Não há como não apoiarmos a manifestação das pessoas que são provenientes da essência, quanto mais a de um filho. Os pais que não apoiam ou respeitam a essência de seus filhos são pessoas inconscientes. Não têm noção de que seus medos podem estar intoxicando seus filhos. Somos felizes quando somos quem somos e permitimos que não só as pessoas, mas também tudo seja o que é. Os pais precisam aceitar seus filhos em sua totalidade e os filhos, seus pais.

Para que os filhos possam se realizar plenamente na vida precisam também aceitar totalmente seus pais. Apesar de qualquer imperfeição, eles têm uma essência e esta é que deve ser a prioridade do olhar do filho. Há perda da autossegurança quando se permanece na crítica aos pais. Quando aceitamos 100% os pais, criamos uma base de segurança e aumentamos nossa conexão com a Terra.

Pais e filhos libertam-se para seguir seus propósitos quando são capazes de se perdoarem por seus desvios da essência, fluindo amor incondicional para seus familiares próximos. O melhor que podemos fazer pelo mundo é enxergarmos as pessoas com o olhar da essência. O ego não é capaz de amar, porque ele ama com parcialidade. Só a essência pode fluir amor, apesar das negatividades que possamos enxergar no outro. O mais apropriado que podemos fazer pelos nossos filhos é sermos pessoas melhores.

Em vez de se preocuparem em deixar bens materiais, os pais deveriam se concentrar em deixar bens essenciais. E a melhor forma de transmitir valores essenciais é sendo pessoas essenciais.

Pessoas que recebem amor pelo que são criam raízes na Terra, portanto, não passarão por falta material, enquanto filhos que não foram reconhecidos em sua essência, ainda que herdem fortunas, podem não ser pessoas felizes, além de haver a possibilidade de perderem materialmente o que receberam. Amor e reconhecimento criam bases para que as pessoas possam não apenas ser mais felizes, mas também desenvolver habilidades e sabedoria para lidar com quaisquer questões da vida. E quando há presença de essência, os pais estabelecem limites justos e coerentes para seus filhos, e não opressores. Tampouco há falta de limites quando os pais estão ancorados em sua própria essência. Amor, poder e sabedoria são a base da criação na quinta dimensão.

Família na Quinta Dimensão

Na família da quinta dimensão, há respeito para com as individualidades de seus membros. Não existe uma tentativa de que haja similaridades de personalidade ou modo de viver. Na quinta dimensão, não há espaço para a codependência. Seus membros são indivíduos inteiros e autônomos em suas escolhas, cada qual se expressa na vida a partir da sua própria essência. Embora sejamos influenciados pelo campo familiar, a verdade individual é soberana. E ainda que não exista concordância com as escolhas do outro, há respeito. Não é preciso entender para apoiar.

Ainda que não se compreendam racionalmente as escolhas da pessoa, há uma confiança em seu ser essencial. Podemos expor nosso ponto de vista, mas temos a consciência de que não temos a verdade sobre o outro. O ser alinhado não quer ficar aconselhando o outro nem receber conselhos. Podemos compartilhar, mas sem a expectativa de intervir na escolha do indivíduo. Uma pessoa muito alinhada com a essência ainda poderá perceber mais o outro. Porém, apesar da maior percepção, a pessoa alinhada não fica palpitando na vida dos demais, nem dos seus próximos amados.

Se nem nós temos consciência da total verdade sobre nós mesmos, muito menos isso é possível sobre a mente do outro. Nossa mente enxerga a parcialidade sobre nós e sobre as pessoas. É um ato de amor respeitar o outro, ainda que enxerguemos que ele esteja fazendo uma escolha dissonante da própria verdade essencial. O indivíduo da quinta dimensão não impõe sua verdade sobre outro indivíduo, porque está além do seu ego que precisa ter razão. Além disso, sabe que somente a essência de cada pessoa tem a verdade sobre ela. Entretanto, a maior parte das relações familiares está embasada em codependência.

Buscar a verdade no outro, e não na sua própria essência, ou fazer as escolhas para ficar bem com as pessoas do grupo, mesmo que com prejuízo a si, é um padrão bastante comum da terceira dimensão. Criamos mais harmonia em nossas vidas quando somos fiéis à nossa essência. Querer ficar bem com o outro violando a si mesmo, trazendo uma pseudo- harmonia, é maléfico para o todo. Quando somos fiéis à nossa verdade, somos harmoniosos conosco, consequentemente, trazemos mais harmonia para os ambientes. Assim, mesmo que possamos não agradar em alguma questão, a autofidelidade pode trazer mais alegria e bem estar a seus próximos. A pessoa presa na máscara de agradar termina por poluir o ambiente com sua frustração. Além disso, quando deixamos de escolher por nós para ficar bem com o outro, essa renúncia posteriormente torna-se cobrança consciente ou inconsciente. Sempre que seguimos a verdade da essência, contribuímos para o campo da quinta dimensão na Terra.

A família da quinta dimensão estabelece relações de interdependência, nas quais todos são inteiros, apoiando-se, sem perder a própria individualidade. Há acolhimento do outro em seus desafios, em uma unidade sem mistura. A compaixão acolhe com a essência, diferentemente da pena, pois quando se permanece nela, ainda se pode rebaixar a própria energia para ficar igual à do outro. "Se meu próximo não está bem, eu também não posso ficar", é uma crença inconsciente muito comum nas famílias codependentes. Claro que ficamos tristes com o sofrimento daqueles que amamos. Mas não precisamos nos manter na dor com eles. Não permanecemos no drama, contudo, seguimos honrando outras áreas da vida, nas quais podemos estar plenos.

Na codependência, o sentimento de pena costuma ser persistente, enquanto na interdependência, há compaixão. A pena provém do segundo chacra, já a compaixão está no quarto chacra para cima. A pena vem do nível pessoal, enquanto a compaixão vem do nosso ser transpessoal. A permanência na pena não ajuda o outro, ao contrário, ainda pode alimentar a dor de ambos, além de contribuir para o campo de vitimização.

A compaixão vem de um espaço amoroso dentro de nós que pode conferir acolhimento profundo à pessoa. É muito comum a pena ser uma forma de expressar o próprio medo sobre o outro. Se vamos além do nosso humano dramático para um recuo em nosso eu transpessoal, podemos ser muito mais benéficos para nós mesmos e os demais. O ser da quinta dimensão não fica falando do problema do outro. Há uma compreensão de que o que o indivíduo está passando não é o que ele é, mas como ele está. O eu transpessoal está em um lugar de silêncio dentro de nós. Não há uma tagarelice interna ou externa que perturba o ambiente.

A família da quinta dimensão é apoiadora e livre. A liberdade é a base para que cada um possa seguir sua própria alma e realizar seus propósitos. Cada membro apoia para que o outro possa despertar o melhor de si. E a base para que a essência do outro seja despertada é sustentarmos olhar para ela. Em vez de ficarmos reforçando os defeitos do indivíduo com o nosso olhar julgador, olhemos a essência. A relação na quinta dimensão é de essência para essência. Estar na quinta dimensão não significa que não vamos nos irritar. Todos os sentimentos humanos, assim como o ego que quer controlar, continuam existindo, porém, não permanecemos neles, além de sermos cada vez menos tomados por eles. Em um primeiro momento, nosso eu humano pode sentir ou até mesmo expressar sentimentos ou pensamentos dissonantes, mas logo nosso eu superior assume o comando. O ser da quinta dimensão flui aceitação para seus próprios desvios e os dos outros. Não está capturado pelo ego espiritual que se mascara na perfeição. Sabe que a perfeição individual humana não existe, mas acredita na perfeição divina. Sabe que tudo está perfeito nas imperfeições.

A família é um encontro de pessoas com ressonância de luz e sombra, com o propósito de transformar a negatividade e apoiar os aspectos da essência. As pessoas são atraídas pela ressonância para se tornarem seres melhores. Mas, muitas vezes, a família pode desviar do seu propósito original e reforçar a sombra de seus membros, em vez de facilitar a cura. A família da quinta dimensão vibra em uma amorosidade além do medo do segundo chacra e do controle do terceiro. A família da quinta dimensão possibilita que se manifeste o essencial de cada chacra: a segurança do primeiro, o acolhimento do segundo, o respeito do terceiro, a compaixão do quarto, a verdade do quinto, a compreensão do sexto e a espiritualidade do sétimo.

A família da quinta dimensão está além dos laços de sangue, ela pode se configurar em um grupo de pessoas que se apoiam em um propósito comum. Um grupo de amigos que se reconhecem mutuamente com cumplicidade e conexão de almas pode ser sentido como uma família. O laço de sangue não é o que define um familiar. Um padrasto ou madrasta pode ser mais apoiador e amoroso que o próprio pai ou a mãe. Na quinta dimensão, há um respeito pelos pais de origem. Ninguém quer ocupar o lugar do outro, mas há um respeito para com eles. O ser alinhado com a essência respeita tudo que veio antes dele. Não só o padrasto respeita o pai de seu enteado, a madrasta respeita a mãe, mas também há respeito para o que veio antes em todas as relações. Há respeito pelos amores passados do outro, assim como pelos seus próprios. Respeito pela história de vida própria e dos seus próximos. Respeito aos trabalhos anteriores. Respeito por toda a experiência passada, pois foram elas que contribuíram para a configuração atual. O ser da quinta dimensão honra o passado, libera o futuro e se enraíza no presente.

Perdão na Quinta Dimensão

A estruturação dos triângulos inferiores facilita a abertura do quarto triângulo cardíaco, o que confere a habilidade de sentir compaixão. O indivíduo da quinta dimensão tem maior compreensão, porque também tem facilidade de se colocar no lugar do outro. É capaz de entender a natureza humana, e sabe que quando alguém nos fere não é porque quis conscientemente fazer o mal, mas por bloqueios inconscientes. Nas relações íntimas, o inconsciente vem à tona. Por essa razão, podemos entender que nosso próximo pode em algum momento nos chatear não pelo que somos ou pela relação, mas por questões dele mesmo.

Quando seu próximo está mais chato, impaciente, retraído ou em quaisquer estados emocionais divergentes da essência, não tomemos suas atitudes como pessoais. As relações íntimas são vítimas de projeção. Transferir figuras da história de vida para os próximos é absolutamente comum. Quanto menos se entra na projeção do outro, menos você será vítima dela. O inconsciente vem à tona para ser curado. Responder com compreensão pode ser uma resposta amorosa, capaz de aliviar a ferida original que formou o bloqueio. Responder com a mesma energia que recebemos é manter o padrão negativo do outro e da relação. A resposta compreensiva pode alterar o padrão relacional.

Mas vamos deixar bem claro que há dois tipos diferentes de perdão. Um vem da essência, do indivíduo com amor-próprio suficiente para não se sentir ofendido com a erupção emocional da outra pessoa. Outro tipo de perdão está presente constantemente nas relações de codependência. Nesse caso, o perdão está correlacionado não com uma compreensão da essência amorosa, mas com o medo inconsciente de perder o afeto do outro. Em relações abusivas, o perdão está sempre presente. Aquela pessoa que perdoa parece ser tão boa, mas o que ela tem é baixa estima. A autodesvalia está ancorada em uma criança ferida interna que teme o abandono.

O indivíduo da quinta dimensão, por ter se estruturado nos três primeiros triângulos, tem autoestima suficiente para perdoar. Ele reconhece que somente o interno pode consentir sentir-se ofendido. Não é o outro que nos fere, mas como escolhemos nos sentir. A escolha de novas respostas mais compreensivas e compassivas vai alterando o padrão relacional. Além disso, o ser da quinta dimensão não permanece em relações que não sejam saudáveis.

O ser da quinta dimensão perdoa e não tem necessidade de ouvir o outro pedir desculpas. Em primeiro lugar, quem tem a necessidade de ouvir desculpas é o ego. A alma flui aceitação para a dificuldade do outro em pedir desculpas por conta do orgulho egoico. O indivíduo da quinta dimensão tem habilidade de perdoar, não porque teme o outro, mas porque tem o cardíaco aberto e amor-próprio para não se vitimizar com o que vem da pessoa. Quem se ofende sempre é o ego. A autoestima legítima da essência faz com que o ego não se sinta facilmente ofendido.

Quem se sente constantemente magoado ou ofendido é porque tem uma criança ferida que criou um ego defendido. À medida que vamos curando nossas feridas, vamos diminuindo sensações de ofensas e mágoas. O rancor não existe para uma pessoa que tenha uma boa relação consigo mesma. Não é o que o outro faz conosco que determina nosso emocional, mas como lidamos com o que chega até nós. O rancor acontece quando uma ofensa não foi resolvida. O indivíduo alinhado procura resolver com ele mesmo aquilo que lhe fez mal. A maioria das questões não precisa ser resolvida com o outro, mas consigo. O ser da quinta dimensão também não deposita suas questões debaixo do tapete, mas tem profunda percepção de si e auto-honestidade suficiente para resolver em si o que precisa ser resolvido.

O indivíduo da quinta dimensão perdoa e também pede perdão. Se por algum desvio ele comete alguma injustiça de qualquer espécie, toma consciência e repara. Ele não permanece alimentando a sombra nem se coloca em estado de culpa. Não alimenta culpas, porque sabe que esse é um estado que nos desvia da essência. Basta reconhecer o desvio, tomar consciência da necessidade de transformar o padrão negativo e seguir adiante.

Enfim, o ser da quinta dimensão é ressonante com a chama violeta, que vibra perdão e transformação. A partir do ancoramento da quarta dimensão na Terra, por volta dos anos 1990, estamos vivendo um tempo de forte ativação da chama violeta no mundo. Essa ativação é conhecida pela fraternidade branca como um trabalho de purificação sob a direção do mestre ascensionado Saint Germain para estabelecer a idade de ouro na Terra: tempo de harmonia e luz para o planeta, que corresponde à frequência da quinta dimensão.

Viver sem Culpa na Quinta Dimensão

O indivíduo da quinta dimensão não tem problema em pedir desculpas. Isso porque ele tem consciência de si e não permite que o ego domine a essência. Conceder desculpas também é um comportamento bem comum para a quinta dimensão, pois há uma compreensão natural. Ainda que não concordemos, podemos reconhecer e fluir aceitação do que vem do outro. É evolutivo pedir desculpas como um sinal de que houve um desvio da integridade. Entretanto, permanecer constantemente em tal atitude é sinal de que não houve de fato uma consciência, então a pessoa segue pedindo desculpas como uma justificativa para continuar no desvio. Pedir desculpas pode ser um padrão ou um sinal de autorresponsabilidade por tudo e por todos.

A quinta dimensão traz uma vida sem culpa. Na terceira dimensão, a culpa tem a função de correção para o seguimento da consciência. Contudo, a culpabilidade foi uma estratégia muito usada na terceira dimensão para a manipulação. Fazer com que o outro se sinta culpado para que ele faça o que eu quero é uma dinâmica muito comum da terceira dimensão.

A função original da culpa é a tomada da consciência. Existem três tipos básicos de culpa. Um deles é aquele que pode durar segundos. A tomada da consciência pode liberar imediatamente a culpa. A função da culpa saudável é apontar nosso desvio da essência. Quando erramos no sentido de irmos contrariamente à nossa essência, voltamos de imediato ao ser essencial quando percebemos o desvio. A culpa que tem como função o despertar da consciência passa depressa. Quando a pessoa não tem uma dinâmica de autopunição, ela não permanece na culpa.

Outro tipo de culpa é aquela que acontece sempre com a mesma pessoa. Pode ser um pai, uma mãe, namorado, marido, mulher ou outro próximo. Quando esse sentimento é recorrente sempre com o mesmo indivíduo, então é um sinal de codependência. O opressor faz a vítima se sentir culpada. O salvador faz a vítima se sentir em dívida, o que gera culpa. E a vítima faz quem está perto se sentir culpado. Em qualquer posição que se ocupe na dinâmica codependente a culpa está presente. A culpa codependente impede que o indivíduo siga seu caminho individual, por estar sempre se guiando a partir das reações do outro. A dinâmica codependente é ressonante com o apego da segunda dimensão. Quanto maior é o apego, mais o indivíduo afasta-se de quem ele é. A estruturação da terceira dimensão e a verdade da quinta vão separando o indivíduo da mistura para que ele se reconheça como um ser individual, único. Esse autorreconhecimento é fundamental para a libertação da culpa e para o ancoramento na quinta dimensão.

Em todos os estados de culpa que se perpetuam, está presente algum tipo de codependência. Há também a culpa crônica, presente em grande parte das relações e nas áreas da vida. Essa culpa vai minando a autoestima da pessoa e, ao mesmo tempo, a baixa estima a mantém nessa dinâmica. Esse tipo de culpa, em que a pessoa pede excessivamente desculpas, acha que sempre fez alguma coisa errada e tudo é sua responsabilidade, a congela na terceira dimensão. A origem dessa culpa está na infância, quando a criança se sentia responsável pelo sofrimento de um dos pais ou pelos acontecimentos da casa. Nesse caso, o indivíduo tem a sensação de nunca ser bom o bastante. Por mais que se faça pelo outro, nunca é o suficiente. A cura desse tipo de culpa crônica está em conduzir o indivíduo a rematrizar sua infância. Neste caso, a rematrização consiste em informar para a criança interna que ela deve ocupar seu lugar como filho(a) no campo familiar e não como um adulto que precisa ser responsável por alguém. É provável que o relacionamento que pesou para a criança ainda tenha muita influência na vida adulta. Quando a criança se responsabiliza por um dos pais ou qualquer outro membro, possivelmente o núcleo de codependência já se estabeleceu, e na vida adulta o indivíduo continua se responsabilizando e sendo determinado pelo outro. Nesse caso, a culpa tem a função da manutenção da codependência.

A culpa é também mais uma das armadilhas para a pessoa se punir. Como a vibração atrai elementos para que a culpa continue existindo, como um vício, estados recorrentes de culpa atraem situações para que esta permaneça no campo. A culpa crônica pode estar na base de muitos quadros depressivos. A depressão pode promover um sentimento de culpa e esta, por sua vez, reforça o estado depressivo. Forma-se assim um ciclo aprisionante. A saída está na reconexão do indivíduo com o amor por si mesmo. O estado de amor possibilita o autoperdão e a libertação de formas-pensamento, crenças, padrões emocionais e ganchos energéticos que estavam mantendo a paralisação.

O maior desafio nesse processo está na liberação dos ganchos energéticos das pessoas próximas. Tentativas de saída do aprisionamento fazem com que as pessoas próximas, que se beneficiam do estado culpado, reforcem o gancho energético para manter a situação como está. Por exemplo, o seu próximo codependente pode ficar doente justamente quando você está se libertando da culpa, do padrão de sacrifício ou de qualquer forma de aprisionamento. A empresa onde você trabalha pode passar por uma situação que venha a precisar de você mais do que nunca, exatamente no momento em que decide sair dela. Uma relação de amizade ou namoro codependente pode fazer uma das partes passar por uma situação que precisa muito da outra no exato momento em que a pessoa começa a caminhar para sua individualidade. Podemos observar que a culpa é um dos principais sentimentos que mantêm a codependência.

A tentativa de rompimento com o gancho energético faz com que o outro, inconscientemente, atraia uma situação interna ou externa para que esse gancho não se desfaça. Vamos esclarecer melhor. Não é que a pessoa faça isso por ser maldosa. Quase sempre a dinâmica da manipulação é inconsciente. O codependente não acredita que sobrevive sem sua fonte externa de nutrição. A chance de afastamento do campo nutridor é sentida como uma possibilidade de quase morte para o ego. Em alguns casos pode ser desesperador. Esse processo de quebra da codependência é muito desafiador para ambas as partes. A parte mais consciente que inicia a libertação precisa ter muita conexão com o próprio poder, mas também ser compassiva com o outro. Não é com raiva que se retira o gancho energético. A raiva pode surgir na tomada de consciência do aprisionamento, mas ela é só uma passagem. Permanecer na raiva é manter o gancho. O desafio é fluir compaixão pelo outro sem se misturar com ele.

Em suma, a emergência do sentimento de culpa pode ter diferentes origens e funções. Quando sentimos culpa, podemos observar qual parte dentro de nós está sentindo: o eu adulto consciente em sua essência, que reconhece que se desviou; ou a criança interna ferida que acredita consciente ou inconscientemente que há algo errado com ela. A culpa também pode ser a voz de uma parte que se sente endividada com alguém especificamente, ou de modo geral.

É muito importante investigar a culpa, porque ter consciência dela é o caminho da libertação da codependência da segunda dimensão e da opressão da terceira. O ser da quinta dimensão é livre de amarras energéticas e não permanece em relações aprisionantes. Não se paralisa em culpa indevida, mas reconhece qual parte sua interna cometeu o erro, na intenção de sempre melhorar, tornando-se um ser cada vez mais inteiro e com seu campo limpo e forte. O campo fortalecido e purificado possibilita que haja mais energia disponível para as realizações dos propósitos.

Colocando de uma forma mais didática os tipos de culpa:

- **Culpa consciente:** é a culpa positiva que nos mostra onde erramos para podermos melhorar.
- **Culpa depressiva:** é a culpa com a função de manter a negatividade e a baixa carga energética. Pode haver um ganho secundário em manter esse estado. O aumento da carga energética pode disparar medos e ansiedades insuportáveis ao indivíduo. Logo, manter-se na culpa depressiva o protege de sua expansão. Esse tipo de culpa pode aparecer em alguns momentos da vida, quando estamos para expandir e surge o medo de irmos além de nosso espaço conhecido. Nesse caso, a essência pode conversar com o ego para reprogramá-lo para o novo.

- **Culpa codependente:** é a culpa com a função de manter a codependência. A cura está na sustentação da individualidade e no autorreconhecimento.
- **Culpa crônica:** é o padrão de se responsabilizar por tudo. Ocorre quando a criança ocupou o lugar de um adulto, tendo sido depositadas sobre ela intenções ou expectativas, as quais criaram um sentimento interno de endividamento. O eu adulto tem a sensação de que está sempre em falta. A cura está em reconhecer a criança interior que se sentia responsável por algum familiar e rematrizar essa situação.
- **Culpa perfeccionista:** essa culpa pode aparecer em pessoas que foram muito exigidas pelos seus pais na infância. A sensação interna é de que tudo que se faz não é bom o suficiente. O sentimento de inadequação pode ter esse tipo de culpa em sua base. O superego, instância psíquica responsável por regras e leis, é bastante desenvolvido e o ego, bem rígido. A cura está em fluir reconhecimento e apreciação a si e às suas manifestações. Para isso, é necessário liberar a criança interior do peso da cobrança, permitindo que ela seja livre. Somente o amor incondicional por si pode liberar essa culpa.
- **Culpa da felicidade:** essa é bastante comum e está na raiz das autossabotagens. Interfere na sustentação das coisas boas conquistadas e traz contraintenções para a vida, atrapalhando as realizações. Esse tipo de culpa pode ser uma das causas para não manifestarmos o máximo potencial do que somos na vida. Curar essa culpa é um processo. A base da cura dessa culpa e de todas as outras está no amor por si, como citei anteriormente. Esse amor só pode vir da conexão com a essência, porque o ego e a mente não têm possibilidade de fluir amor incondicional. Ego e mente são condicionados. O ego não é capaz de fluir amor e aceitação incondicionais porque ele quer sempre o melhor. Não há limites para as exigências do ego. Nunca nada está bom o suficiente. Apenas a essência pode amar sem condições, fluindo autoapreciação e autoapoio inabaláveis. Treinar autoparceria, fluir aceitação a si mesmo, simplesmente ser quem se é e fazer o que se é podem ser caminhos para a cura da culpa. Estar na vibração da quinta dimensão é viver sem culpa.

Sexualidade na Quinta Dimensão

O ser da quinta dimensão é apropriado de sua verdade na totalidade do seu ser. Assim, há uma integração entre alma, corpo, criança interior e ego. As partes internas são reconhecidas e respeitadas. Entretanto, para a maioria das pessoas, há uma separação entre corpo e espiritualidade. Esse é um grande autoengano da maior parte dos buscadores espirituais e dos religiosos, porque tudo que é reprimido para o inconsciente vem à tona de forma repentina, como uma perturbação emocional. A repressão da sexualidade perturba não só o próprio indivíduo, mas também todo o sistema. Isso porque a repressão está na base da maior parte das neuroses e um indivíduo desalinhado pode trazer perturbações energéticas aos que o cercam. Além disso, a repressão cria padrões distorcidos, como a promiscuidade e a banalização da energia sexual.

Uma das principais funções da repressão da sexualidade é o enfraquecimento do poder. Essa é uma energia muito poderosa que, quando represada ou desperdiçada, perde sua força. O indivíduo separado de seu corpo também está separado de seu poder. A principal função da repressão na coletividade é a dominação. Indivíduos reprimidos sexualmente são desempoderados de si, portanto, são mais facilmente manipulados para a obediência às leis criadas para um sistema baseado na dualidade opressor – oprimido.

A obediência às leis da natureza é uma atitude sábia do indivíduo alinhado com o céu e a terra. Todo sofrimento é consequência de alguma lei da natureza não obedecida. E tudo que flui bem em nossas existências ocorre porque navegamos conforme as leis naturais da vida. As leis humanas deveriam ser estabelecidas de acordo com as leis da natureza para que todos pudessem viver bem em um sistema harmonioso e equilibrado. Entretanto, parte das leis é contrária ao humano em sua natureza. As leis criadas pelos homens são necessárias para a organização da sociedade humana. Sem o estabelecimento de uma terceira dimensão bem organizada, não é possível a permanência em outras dimensões. O problema maior, além das leis dos homens, está nas ordens presentes no inconsciente coletivo que limitam o ser humano. Muitas leis de comportamento, passadas de geração para geração, podem ser contrárias à essência.

As leis são benéficas quando estão a favor das verdades essenciais. Precisamos de leis alinhadas com a natureza espiritual do humano, como uma das leis de Hermes Trismegisto, a de causa e efeito. Não ferir conscientemente outro humano é uma lei a favor da natureza. Todavia, há outra lei proveniente da distorção da terceira dimensão, a de que se é para o bem da sua família, é válido lesar outra pessoa. Priorizar a si e seus familiares, em detrimento do bem do todo, é uma lei muito comum aos humanos.

As leis são necessárias para a domesticação do humano. Somos animais porque temos um cérebro reptiliano e, se seguirmos nossa natureza animal, podemos ferir outros humanos. Temos um ego que se educa para controlar os impulsos do id, termo utilizado por Freud para a nossa parte primitiva. Parte da sua teoria está embasada no funcionamento humano para adaptação da vida em civilização. Temos um cérebro reptiliano que funciona para a sobrevivência, sem levar em conta o outro. Mas também possuímos um cérebro pré-frontal que nos move para a espiritualidade. Se não educarmos nosso animal, não sustentamos uma vida espiritual. A questão é que a educação deveria ser feita pela conscientização e não pela repressão.

Tudo que é reprimido cria distorções. O humano rechaça para seu inconsciente ou para fora do sistema social aquilo com que não consegue lidar. A marginalização está na base do desconhecimento de si mesmo. O indivíduo que se conhece não tem medo de si, portanto, também não teme o que vem de outros humanos. Assim, não precisa expulsar o que lhe desagrada. O indivíduo da quinta dimensão flui aceitação para tudo que emerge de si e dos demais. Podemos não gostar do que nos incomoda, mas faz parte do propósito humano respeitar. E, tomando na raiz, a origem da palavra respeito no latim, respicere, significa olhar novamente. O primeiro olhar pode ser do julgamento, mas o segundo pode ser da compaixão. O ser humano da quinta dimensão não se prende ao julgamento, porque ele sempre se convida para o segundo olhar, que está além de seu ego, além de seu medo.

Qualquer tipo de preconceito tem sua base no medo de si. O pior preconceito é aquele que temos de nós mesmos, porque este é a base de todos os outros. Não gostar do que somos faz não sermos plenamente quem somos. Se condenamos nossa aparência física, também fazemos com os demais. Todo autojulgamento cria julgamentos. O ser da quinta dimensão flui aceitação a tudo que vem de si, transformando o que pode mudar e amando o que não pode. A aparência física é uma das questões que mais perturbam o ser humano e que ele pouco pode alterar. Observe que quem quer emagrecer geralmente passa a vida toda fazendo regimes fracassados, porque não aceita seu corpo. O emagrecimento só se sustenta quando a gordura tem a função de uma capa de proteção e o indivíduo, tendo transformado a defesa que a criou, pode eliminá-la. Mas para muitas pessoas ter o corpo mais gordinho faz parte da sua constituição física. Incomodar-se com a barriga é um padrão social totalmente contrário ao fluxo da vida, já que salvo algumas exceções, daqueles que são magros por natureza, a barriga faz parte do todo corporal.

O humano consciente seleciona leis e regras para seguir, permanecendo com as que são a favor de sua essência e liberando as que são contrárias. A questão principal é que quando o indivíduo deixa de seguir sua naturalidade para seguir leis familiares e sociais que contradizem a sua verdade, ele não faz mal só para si, mas também para o sistema. A neurose é consequência da repressão. Segundo Freud, quase todas as pessoas são neuróticas, porque a repressão está na base da civilização. Entretanto, no processo de individualização, vamos dando permissão à emergência de conteúdos inconscientes reprimidos, encontrando melhor adaptação a eles. Enquanto a repressão está na base da terceira dimensão, a integração está na base da quinta. Reconhecer, aceitar e integrar: esse é o caminho saudável para tudo o que vem de nós.

Após integrarmos os conteúdos inconscientes, passamos a adaptar a vida prática ao que integramos internamente. Passamos, então, a fazer escolhas mais ressonantes com a nova integração. Tudo começa de dentro para fora. Não faz o menor sentido querer mudar fora o que não foi elaborado dentro. Por essa razão é que terapias comportamentais são limitadas. Mas, claro, tudo tem um propósito. Tais terapias servem bem para eliminar algo que possa ser maléfico ou até mesmo destrutivo para o indivíduo. Entretanto, se não há modificação dos conteúdos internos que atraíram o malefício externo, pode haver a substituição de uma negatividade externa por outra.

O caminho saudável é sempre de dentro para fora. A partir do que somos, construímos a vida que temos. Felicidade é ter uma vida mais próxima possível do que somos. O ser espontâneo e fiel a si expressa-se no mundo em sua totalidade, sem rechaçar nenhum aspecto do seu campo multidimensional. E é amado por ser quem é em sua essência, não pelo que mostra ser.

A expressão da sexualidade também faz parte do propósito dos seres. Nosso objetivo é a manifestação da nossa totalidade mais próxima possível da nossa integridade original. Nossa multidimensionalidade inclui a sexualidade. Seguir as leis da natureza e não as leis estabelecidas por egos faz parte do propósito de estabelecermos a quinta dimensão na Terra.

No campo da sexualidade, seguir a própria natureza inclui a integração entre seu eu humano espiritual e o animal. Seguir somente os instintos não é seguir a natureza, porque também somos divinos. Não estou dizendo que o sexo casual é contrário à essência. Porém, a escolha do parceiro sexual, ainda que seja ocasional, pode ser feita a partir do eu multidimensional, não só físico. No ato sexual, ocorre um entrelaçamento entre os campos energéticos e os chacras. Assim, há indivíduos que podem trazer vibrações positivas para o campo do outro.

Entretanto, muitas pessoas são desalinhadas da essência, com o campo emocional tóxico. Claro que também a pessoa vai atrair o que está ressonante com seu próprio campo de bloqueio. Além disso, a vida é um fluxo, se a pessoa vive alinhada com sua essência, atrairá outras mais ressonantes para sua vida no geral, incluindo uma parceria sexual, que poderá trazer mais benefícios que perda de energia ou desequilíbrio.

O sexo em si é muito benéfico, porque libera uma carga hormonal que estimula todas as células do corpo, promovendo mais saúde física para todo o organismo. Traz também mais saúde emocional e energia para o primeiro e segundo chacras, produzindo mais vitalidade e criatividade. Esse é um fenômeno físico, independentemente do sexo sozinho ou acompanhado, ele trará benefícios. Por outro lado, o excesso de atividade sexual de forma compulsiva pode exaurir a energia desses chacras.

No envelhecimento há um enfraquecimento da energia sexual, porque há uma diminuição da conexão com a energia telúrica e maior recepção da celestial. Por esse motivo é que os cabelos vão embranquecendo, porque aumenta o fluxo da energia no sétimo chacra, localizado no topo da cabeça. Claro que o idoso não precisa perder seu enraizamento, ao contrário, sempre podemos ter raízes firmes e vitalidade. Entretanto, naturalmente, o fluxo celestial tende a aumentar e o indivíduo vai precisar menos da energia sexual. Não é que ela desaparece, mas a fonte de criatividade se desloca mais para o sétimo chacra (espiritual), diminuindo a necessidade da ativação do segundo chacra. Mas vamos esclarecer: não é que idosos não tenham vida sexual, mas há menos necessidade de essa energia ser ativada pelo segundo chacra.

Para todas as questões da vida, estaremos melhores se integrarmos a alma com o corpo. Escolher o parceiro sexual a partir da ressonância não só do nível físico, mas também dos níveis emocional e espiritual, poderá trazer uma experiência bem enriquecedora sem perda de energia. Em um encontro de essências, ambos saem mais preenchidos.

O sexo realizado a partir da ressonância harmônica entre ambos pode trazer curas físicas e emocionais. Muitas curas são realizadas com o sexo tântrico. A entrega do corpo físico, acompanhada do acolhimento emocional e da afinidade espiritual, é curadora. A escolha de um profissional do tantra para passar pela experiência deve ser feita com muito critério. Não da mente, mas pela consulta à alma, porque há muitas distorções nesse meio.

Casais que passam pela experiência tântrica podem criar uma cumplicidade profunda para toda a vida. Uma das etapas do sexo tântrico é a sensitive, que consiste em um toque sutil por todo o corpo. A pele acariciada pode trazer cura emocional profunda, quando o parceiro está presente na essência. O toque no corpo vindo de um carinho ou de algum tipo de massagem feito por alguém que esteja ressonante pode trazer cura emocional. O contato de olho, durante ou após a relação, pode ser também bem curador, possibilitando uma confirmação do ser que está sendo visto. Não só na experiência sexual, mas também em outras conexões com as pessoas, o contato de olho sempre é curador. As pessoas têm dificuldade de sustentá-lo por medo inconsciente de serem percebidas no nível do ego. Porém, quando uma alma olha nos olhos de outra, o ego desaparece e pode haver uma profunda experiência transcendental, que possibilita a mútua confirmação do ser essencial.

Não só na questão sexual, mas também em todas as áreas da vida, conexões com pessoas ressonantes trazem benefícios. A área da sexualidade é aquela em que mais a dissonância pode ser prejudicial. O envolvimento sexual com alguém dissonante pode trazer perturbações para o campo. Nesse caso, a energia deve ser limpa do campo e purificada dos chacras. Não apenas na questão sexual, mas afetiva também: ficar bem consigo mesmo para, assim, atrair algo mais ressonante é um caminho importante.

A sexualidade na quinta dimensão consiste na integração do corpo com todos os níveis do ser. A opção sexual também vem a partir da verdade quando a pessoa está na quinta dimensão. A quinta dimensão é estar, na verdade, em toda a multidimensionalidade, incluindo a sexualidade, como citei anteriormente. Pesquisas já confirmaram que a orientação sexual é definida entre quarto e quinto mês de gestação.

Portanto, não se trata de uma escolha. O indivíduo tem a escolha, na adolescência ou mesmo na vida adulta, de seguir sua natureza homossexual ou não. Para algumas pessoas, aceitar definir-se como homossexual pode ser apavorante em nossa sociedade segregadora. Mas não se reconhecer como se é traz um sofrimento crônico. É libertador o indivíduo fluir aceitação para a verdade de sua orientação sexual. Isso não significa que ele precise necessariamente concretizar. Essa questão é muito complexa.

O que pode fazer um homem casado que ama a esposa, mas que, no fundo, sempre soube que se sentia atraído por outros homens? Em primeiro lugar, é preciso reconhecer quem se é e fluir aceitação. Isso já será extremamente curador. Escolher permanecer no casamento ou se separar é uma questão de escolha com base no que é prioridade. Se há uma ligação de alma entre marido e mulher, a escolha pelo casamento pode estar dentro da verdade. E cabe à mulher estar em sua verdade também para escolher permanecer ou não no relacionamento.

Mas o que geralmente acontece não é uma escolha pelo amor, mas pelo medo. Tudo o que é escolhido na vida a partir do medo de perder a segurança traz prejuízos físicos e emocionais. Não há uma predefinição se a melhor escolha, no sentido de ser a mais verdadeira, é a permanência em um relacionamento heterossexual, mesmo que se tenha uma natureza homossexual, ou se é a desconstrução da estrutura matrimonial para um novo caminho. Qualquer tipo de desidentificação da vida construída é desafiadora, nesse caso, pode ser apavorante. O imprescindível é que a escolha seja feita pelo ser essencial, não pelo medo.

De qualquer forma, o campo da sexualidade é absolutamente complexo. Entre a polaridade heterossexual e a polaridade homossexual existe uma variável de maior ou menor proximidade dos extremos, que se manifesta com a bissexualidade. Além disso, a alma não tem sexo, portanto, ainda que não haja uma homossexualidade nata, pode acontecer uma complementação afetiva com a pessoa do mesmo sexo. Igualmente, uma pessoa que se defina como homossexual pode se apaixonar por uma pessoa do sexo oposto.

Ninguém pode avaliar qual é a escolha mais ressonante para o outro, exceto ele mesmo. O importante no caso de estruturas construídas não é como a pessoa vai agir na realidade prática. A ação é o último nível. O fundamental é o indivíduo que possui a natureza homossexual honrar quem ele é. Não só aceitar, mas também desenvolver um amor tão profundo por si que o leva a se sentir honrado por ser a totalidade que se é, que inclui sua natureza homossexual.

Há muitos homossexuais, homens e mulheres, muito bem-sucedidos profissionalmente, porque eles precisaram desenvolver uma profunda conexão de autoparceria para se sustentarem emocionalmente neste mundo, sendo como são. Essas pessoas desenvolvem um forte poder por meio do processo de honrar a si. Por outro lado, aqueles que reprimem sua sexualidade estão jogando contra eles mesmos, portanto, não são confiáveis para si. Podem ter baixa estima, porque não possuem uma relação de autoconfiabilidade. Retomando o exemplo citado, o indivíduo homossexual pode escolher não ter relações homossexuais, permanecendo no casamento por ser a sua verdade, porém sem ignorar ou desprezar nenhum aspecto. Precisa fazer as pazes consigo mesmo: abraçar o(a) menino(a) que pode ter sofrido *bullying* na infância, acolher o(a) adolescente que se sentia sem lugar e honrar o ser maravilhoso que é. O autopreconceito pode trazer um autodesprezo para a pessoa, fazendo com que ela negue a totalidade que é com base em um aspecto. Todos nós precisamos amar nossos aspectos rechaçados para vivermos na integridade da quinta dimensão. Qualquer aspecto desprezado cria uma dor, que gera uma desarmonia para o todo.

O maior medo inconsciente do homossexual é o desprezo. Porém, tal medo é projetivo. O autodesprezo, muitas vezes inconsciente, faz com que se tema o desprezo do outro. A aceitação dos pais, principalmente da figura materna, é a base para a liberação do autodesprezo de qualquer espécie dos filhos, não só com relação à sexualidade. As mães quase sempre são apoiadoras. As que não são não conseguem amar a si mesmas. Portanto, não fazem relação de alma com seus filhos, mas de ego. Desprezar um filho com medo do que os outros vão falar denota autosseparatividade entre alma e ego. As mães que não aceitam seus filhos não são ruins, mas possuem dores profundas que as levaram a fechar o coração para viverem na mente em uma tentativa de controle para uma sobrevivência emocional.

Precisamos ter compaixão com as pessoas preconceituosas, porque o problema do preconceito não está no objeto alvo do preconceito, mas nas dores não curadas da pessoa que é preconceituosa. Tudo que desprezamos diz respeito a algo em nós que também foi desprezado. Desprezar o diferente é uma atitude narcísica e separatista da terceira dimensão muito comum. Mas o que as pessoas não imaginam é o quanto de dor há por trás de tais comportamentos. O desprezo à diferença precisa emergencialmente ser curado no mundo para a implantação da quinta dimensão. Há muitos novos filmes e séries que estão colaborando com esse processo, com conteúdos de culturas distintas e com protagonistas que trazem aspectos diferentes do padrão.

Se a formação da orientação sexual acontece ainda na gestação, aquele que tem preconceito só pode ser ignorante, no sentido de ignorar que não é uma escolha da pessoa nascer homossexual, assim como o indivíduo não escolhe se vai nascer negro, branco ou japonês, nem a sua constituição física; se nascerá com tendência a ser mais gordo ou mais magro. Muito do que a pessoa aparenta não está no nível da escolha.

Para toda manifestação de preconceito de qualquer espécie, o indivíduo deve se perguntar: o que estou desprezando dentro de mim que está fazendo eu projetar do lado de fora? O autoconhecimento e o profundo amor por si são a cura do mundo. Se nos amamos, naturalmente, temos facilidade para acolher e amar as diferenças. Por estarmos encarnados neste tempo de quinta dimensão, faz parte do nosso propósito criarmos um mundo de respeito a tudo o que existe. Sermos livres para deixarmos outros seres livres faz parte da nossa contribuição para o ancoramento da quinta dimensão.

Felicidade Genuína na Quinta Dimensão

Felicidade genuína é um termo antigo, mas está em alta neste tempo da quinta dimensão, porque é ressonante com a nova vibração da Terra. Existe um movimento chamado CEB (Cultivating Emotional Balance – Cultivando Equilíbrio Emocional), que traz a importância de focarmos a felicidade genuína. Esse movimento é bem a nova dimensão, pois além de trazer valores do coração, também unifica Oriente e Ocidente. Busca a integração de valores tibetanos com a neurociência. Esse programa envolveu cientistas, filósofos e monges. Entre eles, Dalai-lama, Paul Ekman, psicólogo que se dedicou ao estudo das emoções, e Alan Wallace, ex- monge e físico que estudou as tradições meditativas. Os participantes do programa CEB obtiveram diminuição da reatividade emocional, de depressão, ansiedade, estresse e hostilidade, aumento significativo nas habilidades afetivas e na comunicação.

A base do programa é: meditação, responsabilidade emocional, cultivo de valores essenciais, como compaixão, equanimidade, empatia, gratidão e bondade amorosa (bondade genuína, não mascarada por outras intenções conscientes ou inconscientes). A principal intenção do programa é oferecer recursos para que o participante cultive bem-estar, criando felicidade genuína em sua vida.

O bem-estar é resultado do cultivo de quatro inteligências que resultam em quatro equilíbrios:

- **Equilíbrio Conativo:** refere-se a alinhar os desejos e as intenções com o próprio bem-estar e o dos outros.
- **Equilíbrio da Atenção:** refere-se a focar o que realmente importa, e estarmos presentes aqui e agora.
- **Equilíbrio Cognitivo:** refere-se a perceber a realidade de forma mais objetiva, com menos contaminações subjetivas.
- **Equilíbrio Afetivo:** refere-se à qualidade de nossos relacionamentos, que influencia totalmente em nosso bem-estar. Abertura para a amorosidade a si e aos outros.

Um dos objetivos de Dalai-lama no projeto CEB é a promoção da paz mundial por meio do bem-estar de cada indivíduo. Se cada ser cuidar de suas emoções, a paz pode se fazer presente no mundo. Não se traz paz por intermédio de passeatas, que carregam, muitas vezes, mais vibração de revolta que de calma. A paz mundial é resultado do maior número de pessoas alinhadas. É uma grande falácia querer mudar o mundo sem olhar para si. Se nos responsabilizamos pela nossa própria emoção, não acusamos as pessoas, promovendo mais harmonia nas relações.

A felicidade genuína foi trazida por filósofos como Platão e Aristóteles, e pelos estoicos Marco Aurélio e Epiteto. Principalmente Aristóteles trazia esse conceito em suas citações ao termo eudaimonia. Este consiste no estado do ser habitado por um bom daemon, que é um bom gênio ou um bom espírito, o qual possibilita a permanência em um estado de bem-estar, que independe de fatores externos. Diferentemente da felicidade hedônica, que é condicionada, a felicidade genuína é do ser. Esta tem mais a ver com a relação que o indivíduo possui consigo, com o mundo e com a abertura para a felicidade. Felicidade genuína é uma predisposição para a vida. É consistente porque não depende das oscilações externas. A busca pela felicidade hedônica cria codependências, porque o indivíduo acredita que depende de algo ou alguém para ser feliz.

A felicidade genuína é interdependente, por isso está associada à quinta dimensão. Ser feliz depende de estarmos plenos conosco, ao sermos responsáveis pelo nosso bem-estar e com abertura amorosa para os demais. Nada nem ninguém podem nos trazer felicidade. Acusar o externo pela responsabilidade do seu próprio bem-estar é um padrão codependente, mais ressonante com a segunda dimensão. O ego engessado na terceira dimensão pode ser opressivo, assim, procura culpados para a sua infelicidade. O ponto-chave para a criação de uma vida feliz é a autorresponsabilidade. O universo pode fazer mais por nós, se também fizermos. Ressonâncias positivas são atraídas se somos positivos.

Felicidade genuína é o estado natural do ser ancorado em sua própria essência. Tal felicidade independe de fatores externos. Para vivenciá-la mais plenamente, é necessário que o indivíduo já tenha saído da codependência. O ser completo em si e abastecido de sua própria energia não precisa de nada nem de ninguém, especificamente, para vibrar felicidade. Não é que o mundo externo não o complemente. O ser da quinta dimensão não é individualista. Coisas, pessoas, situações atraídas pela ressonância mais positiva que negativa trazem complementação, mas nos libertam do específico. Quer dizer, se queremos algo, mas por algum motivo não estamos obtendo, não permanecemos na tristeza, na raiva ou na birra por conta disso. Ainda que esses estados se apresentem diante da frustração, não nos identificamos com eles. Isso acontece para as pequenas ou grandes coisas da vida. O que é verdadeiramente importante, obteremos em algum momento. O ser da quinta dimensão entende que o tempo do universo não é o mesmo do seu ego. Compreende que está tudo bem em levar o tempo que for necessário para a aquisição ou construção do que é importante. E fluímos aceitação com aquilo que não acontece como gostaríamos.

A vida não é como planejamos e o ser independente não se fixa na frustração, mas segue com o fluxo do universo. Se eu quero A e a vida me dá B, vamos ficar com tudo que há de bom do B. E se o A for realmente importante, ele virá em outro momento. Podemos sustentar um foco para o que de fato nos importa, mas deixá-lo livre para fluir. E também permanecermos inteiros com o que se apresenta no momento. Se, por exemplo, queremos que alguém esteja presente, mas isso não acontece, vamos estar com o melhor dos que estão presentes. Dessa forma, além de não sentirmos a falta, também estaremos com o ganho do que está presente, fazendo novas sinapses e experimentando novas revelações.

Claro que esse processo é muito mais desafiador em casos de luto. Quando gostaríamos que a pessoa que amamos estivesse conosco, mas isso não é mais possível, então, só nos resta fluir aceitação, por mais que seja doloroso. Fazer oposição à vida só aumenta ainda mais a dor. A alma compreende que tudo está sempre tudo bem. Não vamos negar a dor do ego, mas aceitá-la e seguir em frente com o que é para ser. Quando nós ou quem amamos perde a saúde física ou se passamos por separações, falências ou quaisquer outras perdas significativas, o que se apresenta é a experiência de que precisamos. E mais do que isso, no que diz respeito a nós mesmos, é a configuração que criamos para nosso aprendizado. Mas, independentemente do crescimento que obtemos com o que se apresenta, também podemos encontrar felicidade em qualquer novo contexto. Isso porque a alegria do ser, verdadeiramente, independe dos fatos. Além disso, pesquisas mostram que possuímos um ponto de felicidade e retornamos a ele depois de uma grande dor ou de uma grande alegria.

A dor só é maior quando a mente se fixa em como deveria ser e não no que é. Podemos nos surpreender estando felizes diante do caos, da perda, do luto, da desconstrução ou da doença. A vida é dinâmica. Em alguma área da vida, pode estar acontecendo algo muito doloroso, enquanto estamos obtendo realização ou felicidade em outra. Podemos estar chorando de manhã e rindo à noite.

Nada é fixo, e quanto mais flexíveis e abertos somos, mais podemos desfrutar o bom da vida. Não negamos o ruim, mas podemos compreender. A compreensão vai além do entendimento lógico. Podemos não entender, mas compreender. O intelecto é do ego humano, enquanto a compreensão é do espírito. Brigar com a vida, rompendo o fluxo, é nocivo para nós e para o todo. Podemos nos revoltar, fluindo aceitação para a raiva ou para qualquer outra emoção. A questão não é não sentir, mas não nos fixarmos no que sentimos. Nem no doloroso, nem no prazeroso. Ter respostas emocionais é natural. O dissonante é ter padrões de respostas emocionais repetitivas. Responder sempre com medo, tristeza ou raiva é indicativo de uma parte ferida que precisa ser vista, cuidada e reintegrada ao todo.

Para alguns a felicidade é o dinheiro, para outros é o amor, e assim por diante. Mas essas são apenas interpretações do ego, não correspondem à realidade. Sabemos que tudo que obtemos nos preenche apenas provisoriamente. Claro que ainda que seja assim, não vamos desprezar nossos quereres humanos. Negar os desejos egoicos, a menos que você seja um iluminado, é sinal de desenraizamento.

O querer do ego não cessa na quinta dimensão, apenas não é determinante para a vida. São os valores essenciais que determinam o caminho do ser da quinta dimensão. O indivíduo se move pelo que é mais essencial e não pelo convencional. Enquanto o indivíduo da terceira dimensão segue os padrões, o ser da quinta segue a essência. O que é mais importante: o fluxo ou a adequação? As interpretações egoicas de felicidade são determinadas por padrões sociais e familiares. Para você ser feliz, precisa disso ou daquilo, os quais são ditos ilusórios. Ainda que o ser integrado encontre realizações, ele pode ser plenamente feliz diante da falta. Pesquisas revelam que o aumento financeiro não influencia a felicidade. Ganhar 25 mil reais ou 5 mil por mês não faz diferença no estado de felicidade. O aumento financeiro só faz diferença quando ele vem para suprir as necessidades básicas do primeiro triângulo, como moradia e alimentação.

Não há nada em específico que poderá nos deixar permanentemente mais felizes. Amor, dinheiro, prazer são obtidos de maneira natural no processo de integração. Podemos ser plenamente felizes diante da falta de qualquer aspecto. Até mesmo diante da falta da saúde. Quando estive por uma semana em 2012 no hospital, pratiquei muita meditação com o portal da alma e fiquei em profunda paz. E afirmo, com certeza: esse atributo divino é mais importante que qualquer outra coisa que podemos obter. Sem paz não nos tornamos felizes diante da riqueza, do sucesso, do amor ou de qualquer tipo de aquisição terrena. O ser da quinta dimensão, por estar integrado, obtém tudo o que é importante para ele, porém não depende do obtido. É feliz pelo simples fato de ser. Experimenta a felicidade genuína, que é um estado crônico de paz, condição natural do ser.

A vontade de Deus, do cosmos, do universo ou da totalidade é a nossa felicidade completa. A vida se move para que nos tornemos plenos. E quanto maior a conexão com a essência, mais vamos nos tornando completos. É muito comum a crença presente no coletivo e em nosso social de que não se pode ser feliz em tudo. O ser integrado não é parcialmente feliz. Ele pode ter realização em todas as coisas. O natural do ser integrado e alinhado com a Terra, com o céu, que tem conexão com sua ancestralidade e abertura para o fluxo da vida e para outros seres é a felicidade em todos os níveis do ser.

Não há pobreza, carências paralisantes nem nada que possa impedir a felicidade genuína do ser da quinta dimensão. Não há como ter inteireza e integração, e não ter o que é importante. O universo não tem outra opção a não ser responder positivamente a um campo alinhado de intenção. E na matemática da vida, ressonância atrai ressonância. Quanto mais estado de graça, mais atraímos graças. E quando por aprendizado, perdemos ou deixamos de obter algo importante, não perdemos nós mesmos.

Mesmo quando as coisas não se apresentam como gostaríamos, há motivos para a gratidão. Se pararmos alguns segundos para sentir a vida, todos temos muito a agradecer. Praticar a gratidão quando as coisas não vão bem abre uma brecha para que, por ressonância, o bom possa chegar. Mas o que geralmente acontece é o contrário disso. A situação negativa atrai reclamação, dramas ou fechamento, que preservam ou atraem mais ainda o negativo. Observem que pessoas felizes estão sempre atraindo situações para serem mais realizadas; e pessoas infelizes costumam atrair sempre dissabores.

Praticar a felicidade é estar em estado de graça nos pequenos eventos de prazer, como na apreciação à natureza, saboreando uma refeição, no compartilhamento com outros seres, entre outros. Há muitos eventos em um único dia nos quais podemos experimentar contentamento. Ainda que estejamos passando por um momento de vida desafiador, o bom ainda está disponível.

Momentos de gratidão abrem portas para que o universo traga mais motivos para a gratidão. A questão é que a mente se fixa no que não está bom e não enxerga a graça dos instantes disponíveis. Muitas vezes, mesmo que enxergue o positivo, o humano egoico pode fazer birra com o universo, deixando de vivenciar o que é para se aprisionar em como gostaria que fosse. Ser feliz é também uma questão de escolha. Ainda que não estejamos satisfeitos com a forma como a realidade esteja se apresentando em determinados momentos, podemos escolher fluir aceitação ou fazer oposição à vida. Independentemente de qualquer falta momentânea, a paz sempre é possível. O estado de calma interior é totalmente independente das circunstâncias. Mesmo que uma parte dentro de nós esteja na frustração, outra pode estar em paz. Nesse caso, podemos fluir aceitação para a frustração, mas não alimentá-la com as interpretações da mente. Assim, podemos escolher em qual aspecto dentro de nós iremos depositar mais energia.

A paz é a vibração natural dos seres, porém, muitas vezes, outras frequências estão ocultando tal estado. Podemos praticar a paz para que ela se torne cada vez mais acessível para nós. Praticar o portal da alma, ou qualquer outra forma de meditação ou conexão interior, é a base da felicidade genuína. Quanto maior é o ancoramento na alma, menor é o sofrimento diante dos cenários da vida. Coisas "boas" e "ruins" acontecem com todos. Todos nós passamos por luto ou perdas. A questão é que, para alguns, perdas e danos se tornam um padrão e, para outros, ganhos e realizações estão em seu script da vida. O fato é que quem tem predisposição para a felicidade não paralisa no drama, mas encontra motivos para continuar sendo feliz.

O humano aprisionado na terceira dimensão está condicionado ao mundo da forma. O que a vida apresenta determina. O ser transpessoal está além da forma. Ele não enxerga a vida como ela se mostra, mas o propósito por trás dos episódios. O indivíduo da quinta dimensão é determinado pela sua essência, não por nada externo, conforme tenho citado no decorrer do livro.

Sabemos que grande parte da felicidade é determinada por fatores genéticos. Entendemos que a ressonância e o propósito movem os seres a serem atraídos para onde precisam nascer. Contudo, independentemente da predisposição genética, podemos criar felicidade ancorando uma vida na essência. Pesquisas revelam que apenas 10% da nossa felicidade é determinada por fatores externos. Elas mostram também que o que mais torna as pessoas felizes são os valores essenciais, como o amor ao próximo, a compaixão, estar com aqueles que amamos e fazer aquilo de que gostamos. Pesquisas indicam igualmente que pessoas mais guiadas por motivações externas são muito mais suscetíveis a estados de depressão e estresse, enquanto as que são movidas por valores internos, como os essenciais, tendem a ser mais felizes. Segundo as pesquisas, as motivações externas mais comuns são: êxito financeiro, sucesso e autoimagem.

O que nos faz felizes é vivermos nosso propósito de vida, sendo plenamente quem somos em essência. Ser feliz é um estado natural do ser. Porém, o desafio está em liberar tudo o que não é do ser. Crenças, padrões e apegos que não são ressonantes com quem somos verdadeiramente precisam ser liberados. O que é verdade fica; o que é dissonância sai. Valores adquiridos do campo familiar e social só permanecem se forem ressonantes com a alma. Muitas vezes, temos de optar entre a felicidade ou a adaptação. Precisamos buscar sermos adaptados somente à nossa essência. Um dos fatores que mais nos desviam da nossa felicidade é seguir o externo, em detrimento de ser quem se é.

As pessoas buscam momentos felizes, mas não felicidade genuína. Como a maioria das pessoas segue mais o exterior que o interior, por essa razão é que há a crença coletiva de que felicidade não existe, mas momentos felizes. O ser transpessoal é feliz porque está em conexão com a sua alma e também experiencia muitos instantes felizes, pois a vibração do ser essencial, juntamente a uma vida estruturada no nível pessoal, atrai pela ressonância motivos para se alegrar. O ser da quinta dimensão é feliz e atrai momentos felizes. Mas ele não caça a sua felicidade, porque tal comportamento, bem presente em nossa civilização, é justamente a armadilha para a infelicidade. Momentos felizes são consequências e não a motivação. Instantes felizes estão na simplicidade.

Resumindo, seguem alguns aspectos que determinam a nossa felicidade:

- A relação que temos conosco, a abertura positiva para a vida, o fato de estarmos presentes, cumprindo nosso propósito com o coração aberto para a vida. Felicidade é gostar de si, porque quem se gosta também vai gostar da vida. E quem tem amor por si também tem abertura para amar as pessoas. Podemos observar que pessoas felizes gostam de seres humanos. O desprezo ao humano revela uma dor profunda na alma que precisa ser curada.

- Abertura positiva para as imprevisibilidades. Predisposição para a aventura da vida. Viver no fluxo e não no que acreditamos com a mente que tem de ser. Se a vida mostra isso, então, vamos com isso; se mostra aquilo, vamos com aquilo.
- Ainda que tenhamos respostas emocionais dolorosas diante dos fatos, podemos recuar e procurar enxergar os episódios com mais objetividade. Uma coisa é o fato, outra é a interpretação dele. É muito mais o que interpretamos dos fatos do que eles em si o que determina como iremos nos sentir. Temos um filtro diante dos fatos que é nossa própria história e nosso inconsciente. Quanto mais limpamos as dores do nosso campo, a vida se mostra menos dolorosa. Praticar a objetividade também interfere substancialmente sobre nossa felicidade.
- Felicidade é construção. Ainda que não tenhamos a predisposição genética para a felicidade, podemos criar uma vida feliz, proveniente da paz que sentimos conosco e por meio de ações no cotidiano que nos fazem bem.
- Desfocar no que diz respeito a ficar buscando tirar da vida, numa oralidade desenfreada: "Vida me dê!", para uma disposição de dar para a vida. Compartilhar, dar e receber nos preenche. Ficamos esvaziados quando recebemos mais do que damos. Muitas vezes, ficamos mais felizes com a doação do que com a recepção. Quando você dá para a vida, sem tirar de você mesmo, como na máscara da bondade, experimenta um estado de graça.
- A doação dispara neurotransmissores de bem-estar que nos contentarão muito mais que receber. Está provado cientificamente que a caridade genuína dispara hormônios da felicidade que perduram no organismo por muito mais tempo do que quando nos exercitamos fisicamente. Levar em conta o bem do todo, não somente nossa própria satisfação, é a base para criarmos relacionamentos felizes. Não é fazer concessões que neguem a nós mesmos, mas encontrar o bem comum.

- Praticar exercícios físicos moderadamente para que nosso corpo se sinta feliz. Enxergar e atender à nossa criança interior. Encontrar uma ressonância harmônica entre a necessidade do corpo físico e as demandas da criança interna. A felicidade completa está em encontrar uma satisfação em alinhamento com toda equipe interior: alma, ego, criança e corpo. Precisamos praticar a escuta para todas as partes e nos harmonizarmos com elas.
- Fluir aceitação para episódios dolorosos, entendendo que isso faz parte do nosso propósito ou foi criação do nosso inconsciente. Tudo o que acontece serve ao propósito de sermos mais plenamente quem somos. Se o evento doloroso faz parte do nosso objetivo para nos tornarmos seres melhores, então está tudo certo. E se o evento foi decorrente de aspectos negativos do nosso inconsciente, o ocorrido é oportunidade para curar mais um pouco a nossa sombra, para maior expansão da nossa luz. O inconsciente tem um impulso para se mostrar para nós. Ele quer ser revelado. E isso, muitas vezes, acontece por meio dos eventos incômodos que surgem. Cada episódio doloroso ocorrido é uma oportunidade de cura. Racionalizar ou negar a dor é desperdício. Além disso, o fato tornará a acontecer novamente até enxergamos e transformá-lo. O caminho é: fato doloroso – autoinvestigação – aceitação. A aceitação para muitos fatos precisa vir depois da autoinvestigação. A aceitação consciente é habilidade do ser essencial, não mecanismo de defesa, como uma negação.
- Abrir mão do impulso egoico que luta para ser feliz, para simplesmente ser. Ir além do: "Se a vida me dá estou bem, se a vida me tira, estou mal". Sair da dualidade: coisa boa aconteceu/coisa ruim aconteceu. A felicidade é estar em harmonia com tudo o que existe, pois tudo serve a um propósito. Como disse o mestre Oogway, do Kung Fu Panda, "não existem notícias boas ou ruins, existem notícias".
- A felicidade é determinada pela nossa capacidade de resiliência. A pessoa genuinamente feliz não deixa de sentir felicidade diante de um impedimento ou perda na vida, mas se adapta à nova realidade e flui com ela. A resiliência é uma habilidade

da consciência transpessoal, em que a vida não é determinada pelos eventos do mundo pessoal.

- Não é o meio em que vivemos que nos torna mais felizes, mas o que tiramos dele. Aproveitar instantes de felicidade no cotidiano é o que nos torna felizes.
- Estar na essência, em alinhamento com o propósito, é criar felicidade completa. Não há como ser feliz só no amor ou só no profissional se estamos em nossa completude. Estarmos completos conosco atrai a completude externa.

Felicidade é autorresponsabilidade. E criar paz e felicidade para nós mesmos é refleti-las no mundo. Nosso compromisso de sermos felizes não é só conosco ou com nossos próximos, mas também é contribuição para o todo. Já que estamos encarnados aqui neste tempo de quinta dimensão, temos a oportunidade de acelerar o alinhamento da Terra com seu propósito divino original, simplesmente sendo quem somos em essência.

Crianças Índigo na Quinta Dimensão

Há muitos jovens hoje que já nasceram alinhados com a frequência da quinta dimensão. São éticos, verdadeiros e amorosos. A integridade que possuem pode ser também produto de um meio acolhedor onde foram criados. Mas também há aqueles que, independentemente da criação que tiveram, manifestam sentimentos e atitudes de amor e honestidade. Claro que o ambiente é responsável por grande parte da construção do indivíduo. Entretanto, essas crianças ou jovens já nasceram mais conectadas com a essência. Possuem um olhar que revela fortemente a presença do ser essencial. E quando uma criança ou jovem índigo lhe olha, você se abre. São capazes de abrir o coração de pessoas duras ou amarguradas. Pela ressonância, essas crianças naturalmente conduzem os que os cercam mais para a essência. Algumas vezes, se fecham por razão de sua hipersensibilidade. O nome índigo se dá porque, independentemente das cores de sua aura, há a coloração do azul-índigo.

Esses jovens evoluídos também têm sombra, bloqueios e dissonâncias. Porém, são incapazes de fazer mal a outros seres conscientemente. Possuem uma essência vibrante que podemos enxergar no brilho de seus olhos e em suas atitudes gentis. A gentileza é um aspecto marcante da quinta dimensão.

Eles são agentes transformadores do campo familiar e social. Quando crianças, transformam a família e, quando crescem, vão modificando o trabalho, as relações, as instituições e a sociedade. Trazem novos paradigmas para o meio em que vivem. Eles têm o propósito de desvelar o melhor dos que os cercam. Essas crianças são vistas pela parapsicologia como especiais e têm o propósito de serem implantadoras da nova era, da quinta dimensão na Terra.

Pesquisadores revelam que essas crianças possuem uma estrutura cerebral diferente da maior parte das pessoas. Apresentam o hemisfério direito mais desenvolvido. São intuitivas, criativas, percebem além das aparências, questionam os mandatos familiares e o conservadorismo cultural. Muitas vezes, podem ser rebeldes porque não aceitam ser condicionadas. É necessário negociar com elas, porque não aceitam regras facilmente. É muito importante essas crianças estarem em escolas que respeitem a individualidade e a essência. Claro que, para qualquer criança, a formação pedagógica que busca facilitar que cada qual seja mais quem se é, na essência, é melhor. Mas para essas crianças isso é de fundamental importância, pois se sentem violadas em um sistema educacional rígido condicionado. Também aprendem o que faz sentido para elas. Costumam se distrair com assuntos que não interessam a elas.

Várias dessas crianças podem apresentar dispersão, inquietação e, muitas vezes, são diagnosticadas com TDAH (Transtorno do Déficit de Atenção com Hiperatividade). Mas também há aquelas que são bem serenas. Entretanto, podem ter rompantes de agressividade. Embora sejam amorosas, elas não são exatamente boazinhas, pois possuem certa autofidelidade e podem não fazer o que não querem. Agem mais pela sua própria verdade do que pelo que ensinam a elas. São bem conectadas com verdade e justiça, e conseguem perceber quando alguém está mentindo. São justas e sensíveis às necessidades das pessoas, injustiças sociais e questões humanitárias. Geralmente, são espiritualizadas e, muitas vezes, possuem mediunidade ou uma hipersensibilidade.

Seres evoluídos, transformadores do sistema foram crianças índigo. Elas começaram a surgir mais após os anos 1970, mas já existiam antes, excepcionalmente, crianças que foram índigo, tais como Buda, Jesus, Platão, Einstein, entre outras. Após o ano de 1995, quando ondas de fótons do sol central passaram a fluir mais fortemente para a Terra, houve um grande aumento de crianças índigo nascendo. Está se criando um campo mórfico que facilita cada vez mais o aparecimento desses seres. Atualmente, muitos adultos estão se tornando índigo. Podemos dizer que estamos diante da formação de uma nova humanidade.

O número cada vez maior de pessoas mais conectadas com a essência chegará a um ponto além da ontogenia, interferindo na filogenia. Quer dizer, o aumento da quantidade de humanos vibrando em uma frequência mais elevada atingirá um número suficiente, que passará a interferir na espécie humana. Podemos observar o fenômeno dos campos mórficos interferindo nos novos humanos que vão nascendo, no que diz respeito à tecnologia.

Atualmente, uma criancinha de 1 ano já possui habilidade para mexer em aparelhos eletrônicos. Uma criança de 7 anos consegue aprender sobre celulares e computadores mais facilmente que grande parte dos adultos. Com relação à tecnologia, fica fácil observar a atuação dos campos mórficos interferindo na formação de uma nova civilização. O campo de amorosidade, integridade, verdade e justiça, aumentando nos humanos, vai com o tempo formando uma nova humanidade, mais ética e alinhada. Independentemente se somos ou não índigo, nosso propósito de estarmos encarnados neste tempo é de sermos mais um agente contribuinte para a nova civilização.

Conexão Amorosa com os Seres e Novas Instituições

Na quinta dimensão não há separatividades, porque ela inclui a vibração da quarta dimensão, que traz a abertura do coração. Qualquer forma de desamor, desqualificação ou menosprezo por qualquer ser mineral, vegetal, animal ou humano significa fechamento do quarto chacra, mas, geralmente, a desqualificação é para com os humanos. Não só no nível pessoal, mas também é muito comum o desprezo pela raça humana. Observemos a vibração da fala que já ouvi algumas vezes: "Quanto mais conheço os seres humanos, mais amo os animais". Não é uma exaltação aos animais, mas um desprezo ao humano.

O desprezo pela humanidade é um tipo de preconceito bem separatista. Nossos conceitos prévios são uma ilusão que nos leva ao julgamento e à separatividade. Uma pessoa que tenha qualquer tipo de preconceito não vibra na quinta dimensão, porque o coração está fechado. Logo, se há fechamento no quarto triângulo, a energia não sobe para o quinto, impossibilitando o acesso à frequência da quinta dimensão. Mas o que leva as pessoas a desprezarem os humanos?

O medo é a emoção que está na base de todos os julgamentos, preconceitos e aversões. Medos inconscientes, provenientes da criança ferida, promovem a defesa separatista. O preconceito sempre é injusto, não tem nenhuma lógica essencial a pessoa ser condenada por conta de um aspecto, com base nas questões pessoais de quem não mergulha em si. O julgamento que impede que se leve em conta todo o ser que a pessoa é traz prejuízos não só para o individual, mas também para o todo. Abordei parte dessa questão quando falei sobre sexualidade, mas ao que estou me referindo aqui é que a separatividade vai muito além dessas questões de gênero, raça, cor e o novo preconceito político de ambos os lados. A separação do externo acontece diante de qualquer separação interna.

Não são também palavras que refletem a abertura do coração. Falar de amor e gratidão está bem na moda. Claro, as palavras trazem uma vibração. Mas falar de amor, bem como ter qualquer tipo de desprezo pelo outro, é hipocrisia. Trata-se de autoengano falar de gratidão e manter o padrão de reclamação.

O coração aberto da quarta dimensão é incapaz de falar mal de alguém. E se o ego enxerga o negativo no outro, podemos não alimentá-lo. Enxergar a essência em tudo e em todos é nossa tarefa diária. Isso não significa que vamos estar na ingenuidade. Vamos nos relacionar com quem estamos em ressonância, mas não desprezar as dissonâncias.

Podemos não gostar de tudo o que existe, mas podemos entrar em ressonância harmônica com tudo o que existe. Buscamos lugares e pessoas ressonantes na busca do nosso próprio bem-estar. Mas não é sempre que estamos com o ressonante. Então, faz parte do nosso caminho aprender a criar uma ressonância harmônica com lugares e pessoas diferentes da nossa frequência. Podemos estar em qualquer local, com quaisquer pessoas, apenas nos alinhando conosco. Podemos estar em uma multidão ou em qualquer circunstância sem perder energia ou a nós mesmos, praticando o alinhamento com a essência. Basta intencionar estarmos alinhados com nossa essência que podemos estar onde temos de estar, seguindo o fluxo que nos direciona aos nossos propósitos.

A quarta e a quinta dimensões são inclusivas e não separatistas. Tudo o que for separação ou desprezo não vibra na frequência mais alta. Inclusão é a filosofia da quinta dimensão. É preciso haver uma profunda reforma sociológica para que nossa civilização possa ancorar a frequência da quinta dimensão. Ensino e saúde que excluem pessoas estão longe de ocorrer na quinta dimensão. Todavia, não é mudando as instituições que iremos criar o novo mundo, mas sendo o novo mundo é que podemos recriá-lo. É do ser para o estar. De dentro para fora.

Muitos nomes da história contribuíram para a inclusão. Entre eles, Paulo Freire, educador e filósofo brasileiro, que trouxe um novo conceito de pedagogia inclusiva para todos. Escreveu a Pedagogia do Oprimido, terceira obra mais citada em trabalhos na área de humanas em todo o mundo. Foi o brasileiro que mais recebeu títulos honoris causa pelo mundo. E mais de 350 escolas ao redor de todo o planeta levam seu nome. No Brasil, foi preso e exilado pela ditadura militar. Mas a história da humanidade está repleta de episódios de opressão para aqueles que buscam a inclusão ou a libertação. A condenação de Cristo foi isso. Jesus foi julgado por subversão. Tudo que coloca em risco a ordem econômica, social ou política é massacrado.

Como vibrar na quinta dimensão com segregação e opressão? A questão é que as pessoas se identificam com o que é ressonante. Então, quem apoia um movimento ou um sistema opressor é opressor.

Além disso, é o medo da criança interna que busca uma paternidade em um sistema político opressor. "Meu pai é cruel, mas ele pode me proteger": esta é a fala interna, inconsciente.

A justiça da quarta dimensão não vem da raiva. E quando vemos algo que seja dissonância da luz em virtude da ignorância humana, então podemos lembrar Jesus: "Perdoe-os, Senhor, porque eles não sabem o que fazem". Claro, não vamos colocar a máscara da serenidade, mas investigar profundamente, pois tudo o que nos irrita tem a ver com nossas questões internas. Quanto mais resolvemos nossas questões inconscientes, menos nos incomodamos com o extremo. Por exemplo, se nos incomodamos com um político opressor ou com alguém que apoia a opressão, é porque temos um histórico doloroso com um opressor em nossa vida ou em vidas passadas. Se o desprezo é por liberais, também há algo interno aprisionado que precisa ser visto.

Podemos ter nossas opiniões ressonantes com quem somos, sem impor nossa verdade aos outros e sem excluirmos da nossa vida quem pensa diferente. Certamente, as ideias são consequência da vibração. Assim, tenderemos a conviver com pessoas que tenham crenças mais similares às nossas, mas se alguém que pensa muito diferente está em nossas vidas é porque há algum propósito. Acolhamos então, com o coração, o que vem para nós. A atitude amorosa sempre irá beneficiar o todo, enquanto qualquer espécie de desprezo é um desserviço à implantação da quinta dimensão.

Apesar de a mudança não estar na política, essa esfera um dia também vai se alinhar com a frequência da quinta dimensão. A democracia bem na essência seria o sistema político mais ressonante. Abraham Lincoln, presidente dos Estados Unidos, definiu bem a democracia na essência: "A democracia é o governo do povo, pelo povo, para o povo". Mas só teremos um governo nos padrões da quinta dimensão de justiça, compaixão, verdade e liberdade, quando tivermos ancorado verdadeiramente tais padrões em nossas vidas. Para termos a democracia da essência, precisamos sê-la. A mudança vem pela ressonância, o conjunto de mudanças individuais formará a massa crítica (número suficiente de pessoas), que possibilitará a manifestação de novas instituições mais alinhadas.

Embora muitas pessoas pareçam estar bem longe da quinta dimensão em padrões codependentes, na opressão ou na submissão, e apesar de, consequentemente, o sistema social estar longe da integridade, não desanimemos com a implantação da quinta dimensão. Somos cheios de imperfeições e incoerências, mas somos divinos. Não há como conter o fluxo da quinta dimensão, assim como não é possível impedir a chegada das estações. É inexorável, a nova civilização está chegando. Independentemente das sombras existentes, o novo mundo da quinta dimensão está em formação.

Verdade e Amor na Quinta Dimensão

Enquanto a verdade separa o indivíduo da mistura energética com o outro, o amor une. A verdade separa o que é do nível humano pessoal, e o amor promove a unificação no nível da alma. A verdade organiza nossa vida no nível pessoal, enquanto o amor organiza no nível transpessoal. A grande confusão é que o humano insiste em trazer o amor para o nível pessoal sem criar raízes em sua verdade individual. A consequência de tal ato é a codependência. Se eu não sei quem sou e me junto ao outro, então, este passa a me definir.

Esse processo acontece muito no nível inconsciente. Quase sempre a pessoa acha que sabe quem ela é, porém, a codependência esconde o grande potencial da essência, comprometendo, assim, seu propósito de vida. O maior prejuízo da relação codependente é a inversão de deixar de servir a vida para servir um único ser humano, um campo familiar, um grupo limitado ou qualquer outro aspecto. Claro que cuidar de um único indivíduo ou de um grupo pode ser um nobre propósito. Mas ao que estou me referindo não é o cuidar amoroso transpessoal como missão de vida. Na codependência, o cuidar do outro é pesado, é carmático. O que muitas vezes ocorre é que, inconscientemente, cuidar está a serviço de manter a dependência. Abrir mão de si para servir o outro ou algo pode vir do ego ou da essência. Quando se abre mão de benefícios pessoais a fim de que haja benefício para algo maior ou para o todo, então, pode ser um movimento da verdade essencial da alma.

Mas quando abrir mão de si para que o outro fique bem é algo constante, então, é a criança interna, por medo inconsciente do abandono, que necessita fazer com que o outro indivíduo precise dela. Nesse caso, a pessoa não acredita que pode ser amada por quem é, mas pelo que faz. Esse é um grande autoengano. No amor essência, quanto mais somos quem somos, mais somos amados.

Um dos indicativos que mostram se o que fazemos pelo outro provém da essência ou do ego infantil é a sensação de preenchimento. Na relação de essência para essência, há troca e ambas as pessoas são preenchidas. Essa troca não é na mesma espécie. Podemos receber do outro de diferentes maneiras. Em uma relação de essência, um pode dar mais alguma coisa que o outro, mas também recebe mais por outra via em algum outro aspecto. Nesse caso, a pessoa não se sente esvaziada, mas plena na troca. Na codependência, um está na criança usurpadora e o outro na criança sacrificada. O doador vira vítima e o ressentimento promove a opressão.

A amorosidade vira raiva e aquele que estava na posição de receptor passa a se ressentir com o ataque do outro e, consequentemente, também vira opressor. Isso cria mais ressentimento ainda no doador. E ele se queixa: "Eu faço tudo por você e você não reconhece". Pois é, o engano é que o indivíduo não estava fazendo pelo outro, mas pelo seu próprio ego. Este quer mostrar não só para o outro, mas também para si, que é bom. Mas a bondade genuína não vem da motivação do medo inconsciente do abandono. Desse modo, a relação codependente é repleta de ressentimentos e agressões explícitas ou rancorosas. Quando a raiva é reprimida e velada é muito pior, porque, nesse caso, há uma máscara em cima da máscara.

No amor genuíno, há uma responsabilidade pela felicidade das pessoas sem negação de si, beneficiando o todo. Enquanto o amor codependente afasta o ser de si, o amor essência aproxima o ser tanto de si mesmo como das pessoas. O amor verdadeiro é possível para quem sabe quem é. Nesse caso, não se precisa do outro, mas há um movimento de unificação com o outro para o crescimento e para o propósito maior de todos os envolvidos na relação. Quanto mais se caminha para a verdade, maior é a capacidade de amar. Verdade e amor são atributos da vida na quinta dimensão, e são a base da nova civilização.

Alinhamento em Tempos de Crise

A palavra crise em sua origem grega é krisis, que significa momento decisivo, decisão, sentença. A evolução se faz no atrito da terceira dimensão. Falhas no nosso mundo da forma criam uma fenda (crise) em nosso sistema humano, que possibilita nos movermos para além da forma. A crise no nível pessoal, naturalmente, move o ser para o transpessoal. Como já citei antes, todos que expandiram a consciência para a quinta dimensão passaram por uma crise em alguma área da vida, que pode ter sido no casamento, na família, no trabalho, no financeiro ou uma questão de saúde. Raramente o ser é despertado para o chamado da quinta dimensão sem algum tipo de desmoronamento, desilusão ou perda. Todos que chegaram até esta parte do livro passaram por alguma crise. De qualquer forma, todos passaram pela crise coletiva de 2020.

A passagem para a essência da quinta dimensão é precedida por uma crise significativa. Entretanto, outras pequenas crises acontecem para que a vida seja ajustada na nova frequência, principalmente crise de valores. Até que a vida esteja totalmente ancorada na nova dimensão, precisamos nos acostumar com tais ajustes.

Sugestões de práticas para os tempos de crise:

- Enraizamento: exercício de conexão com o centro da Terra e respiração, sentindo o chacra (centro de equilíbrio do corpo). Em tempos de crise, precisamos fortalecer o primeiro chacra para aplacarmos o medo que vem desse nível. Há crises que podem ser vivenciadas como uma ameaça à nossa própria sobrevivência. Independentemente se for uma crise que ameace concretamente o corpo físico, há crises emocionais, afetivas, familiares ou até mesmo profissionais e financeiras, que podem ser sentidas pelo inconsciente da pessoa como uma possibilidade de destruição. O inconsciente não diferencia o que é uma possibilidade de destruição física real do que é destruição de partes do ego. A sensação de ameaça para o ego pode ser até maior do que para algo físico. Então, ancorar a energia na Terra para sentirmos nossa base pode aplacar o medo. O enraizamento possibilita a proporcionalidade dos sentimentos para não haver afogamento no mar emocional fantasmagórico e a fim de se obter maior clareza da situação. Possibilita enxergar os episódios com mais objetividade. Exacerbar os fatos ou fugir, negando-os, são atitudes de quem não está enraizado. O dramático sofre muito mais pelas suas próprias ameaças do que pelo fato em si. E o lunático deixa de fazer o que precisa em tempos de crise. Ambos podem perder a oportunidade.

- Conexão com o portal da alma, que é o único lugar totalmente seguro e confiável que temos dentro de nós. A conexão com esse portal também proporciona termos maior clareza do significado da crise. Quando entendemos o propósito da crise, ficamos em paz. Além da chance de entendimento, o portal da alma nos confere um bem-estar espiritual que nos possibilita ficarmos bem diante de qualquer adversidade.
- Enraizamento e conexão com o portal da alma: significa estarmos ancorados na Terra e em nosso ser. Ambas as práticas encontram-se disponíveis, para os que intencionarem aprender, no canal do Espaço Essência no YouTube. Na crise, precisamos mais do que nunca estarmos ancorados em nós mesmos para não nos perdermos nela. Por que se perder na crise? Toda crise externa ou interna promove um abalo na identidade pessoal, porque é uma tentativa inconsciente de a alma ocupar um espaço maior que a personalidade na vida do indivíduo. Para os que não têm

muita base no primeiro triângulo ou uma estrutura egoica mais firme, a crise pode promover uma cisão na pessoa, provocando distúrbios psíquicos.

- Acolher quaisquer sentimentos e emoções que emerjam. Se nós reprimimos os sentimentos, os tornamos congelados. Não há problema algum em manifestar as emoções, afinal, temos um cérebro reptiliano e um límbico que sempre nos trarão sensações e emoções. A questão é que o que se torna patológico são as emoções congeladas. Se as emoções, como tristeza, medo e raiva, surgem, as acolhemos e deixamos passar, a energia delas encontra um caminho saudável de liberação. Na crise, sentimentos são mobilizados, assim, é uma oportunidade de questões inconscientes serem reveladas para serem transformadas. Quer dizer, a crise pode trazer a possibilidade de uma cura mais profunda.
- Lembrar constantemente do espaço de silêncio, esse lugar dentro de nós que está preservado de todos os ruídos e influências externas. A crise é o momento de parada para nos deslocarmos para o nosso espaço de silêncio. Essa prática, assim como todas citadas neste capítulo é fundamental para nos ancorarmos em nossa essência e na quinta dimensão. Nesse espaço interno, podemos ter orientações importantes e acalmar nosso coração. No espaço de silêncio, diminuímos a pressão, a cobrança e, principalmente, o medo. E, em crise coletiva, isso é o melhor que podemos fazer por nós e pelo todo. Aplacando nosso medo individual, colaboramos para a diminuição do medo coletivo. Esse espaço é exatamente o oposto que as pessoas costumam buscar na crise coletiva, fugindo para a tagarelice e perpetuando notícias que contribuem mais ainda para o campo de medo próprio e o dos outros. Observe: desabafar e compartilhar são coisas diferentes das que me refiro aqui. Deve-se não investir energia na negatividade, mas na luz.
- Praticar, sempre que lembrar, a respiração profunda, que consiste em trazer mais oxigênio para os pulmões e soltá-lo lentamente. A respiração é um calmante natural e, ao mesmo tempo, é também um energético. A respiração consciente ativa nosso estado de presença. Esse é um estado confortável em que esta-

mos atentos e inteiros. A presença não é só um foco mental, mas também uma integração da presença da alma com o corpo. A ebulição emocional provocada pela crise ativa o sistema nervoso simpático. O medo ativa esse sistema, e do que mais precisamos em um momento de crise é sairmos do sistema simpático para o parassimpático, que possibilita a ativação da calma e da paz. A respiração profunda, principalmente deixando a expiração mais lenta que a inspiração, pode ativar o parassimpático. Podemos, igualmente, ativá-lo por meio de movimentos leves, lentos e circulares com as pontas dos dedos pela face, descendo pela lateral do pescoço, atrás, na nuca e terminando no peito. Repouse suas mãos no peito e permaneça alguns instantes no seu espaço de silêncio.

- Em momentos de crise ou sofrimento, o pior inimigo é a mente. Nosso ego, ligado à mente, tem a função de nos proteger. Porém, ele tem uma visão limitada da vida. Assim, a mente – que mente para nós – tem o hábito de nos ameaçar, projetando cenários negativos e trazendo preocupações. Vale lembrar que quase todas as preocupações que projetamos jamais se concretizam. Entretanto, nosso campo mental insiste em suas previsões falhas. Quanto mais ficamos no ser essencial e menos no ego mental, menor é o sofrimento.
- Praticar instantes de contemplação à natureza, como plantas, mar, céu ou até mesmo animais, auxilia irmos para nossa própria natureza, facilitando assim, sairmos um pouco da mente e irmos para a essência.
- Praticar exercícios físicos ou caminhadas que auxiliam na liberação da endorfina, conferindo maior bem-estar. Além disso, trabalhos corporais ajudam a sair da mente. Lembrando que atitudes caridosas ativam ainda mais poderosamente a endorfina.
- Alongar e movimentar as articulações para fluir a energia, a qual costuma paralisar nas articulações. A movimentação facilita maior bem-estar energético.

- Praticar expirações de som possibilita ficarmos mais leves; soltar os sons de vogais ou mantras. Experimente inspirar e soltar o som "Ah" algumas vezes. Você sentirá um alívio.
- Reafirme seu contrato com a luz e pratique o mantra: "Eu confirmo o meu propósito de vida para esta existência". Faça o mantra, sentindo-se transpassada(o) pelo canal de luz, que desce do universo e vai até o centro da Terra.
- Você pode praticar também os mantras: "Eu sou o eu sou", "Eu sou luz", "Eu sou paz", "Eu sou o amor, fique calmo e saiba que eu sou Deus (ouvindo a voz da sua essência)", Gam Zu Le Tová (mantra hebraico: tudo é para o bem), mantra OM (som do universo e da semente original); o mantra: Kadosh, Kadosh Adonai Tsebayoth, de limpeza profunda, pode ser interessante também.
- E ficamos com o mantra absolutamente sábio: "Isto também passará". Lembrando a carta da roda da fortuna. Em cada momento estamos em uma posição da roda: embaixo, subindo, no topo ou descendo. Então, não nos identifiquemos com quaisquer posições, mas fiquemos no centro. Para tudo em nossa vida, fiquemos no centro sem querer segurar nada e sem querer apressar o rio, ativando ansiedades e perdendo a experiência.
- Fique no presente. Em tempos de crise, cabe o lema dos Alcoólicos Anônimos: um dia por vez. Não dispare sua ansiedade, punindo-se com ameaças de quanto tempo levará para passar a crise. Levará o tempo que nossa alma, em parceria com o universo, escolher para ancorar o novo.
- Não enfatize o que seu ego quer que aconteça em suas orações, mas se entregue à orientação do seu Deus interior.

Lembrando que para qualquer crise individual ou coletiva, temos a escolha de ficarmos positivos. Deixe a onda vir e levá-lo para onde sua alma escolheu ir. Solte seu eu humano na onda e confie. A terceira dimensão vibra no medo, e a quinta no amor e na verdade. Onde escolhemos estar?

2020: Integração e Passagem

O ano de 2020 foi momento de praticarmos a integração entre fé e realidade. A fé sem realidade é ilusão, e a realidade sem fé é dor. Ancorar nossas raízes no céu e na Terra, abrindo-nos para o fluxo ascendente e descendente, é treinamento constante em nossas vidas. Ambos os fluxos, ascendente e descendente, se encontram no chacra cardíaco, abrindo a estrela de seis pontas (encontro do triângulo que sobe e desce). O ancoramento terra-céu é a união entre o primeiro e o sétimo chacras. Na linguagem cabalista, é o caminho de Malchut (primeira *sefirah*), que representa a Terra, à Keter (última *sefirah*), que representa nossa conexão com o céu. Malchut é o reino e Keter é a coroa. Na árvore da vida cabalista, nosso propósito é ascender do reino para a coroa, no caminho das dez *sefirot*, que são as emanações divinas. Na Kabalah essência, levamos em conta o caminho de descida. Precisamos igualmente de ambos os percursos.

Podemos sempre ampliar mais nossa entrega ao fluxo divino e nossa conexão segura com a Terra. A fé do sétimo chacra e a realidade do primeiro não se opõem, mas precisam ser integradas. Lembrando Paulo Freire, "é preciso ter esperança, mas ter esperança do verbo esperançar", ou seja, fazer a esperança. É ser a fé ativa na realidade. Fiquemos na esperança da essência, mas com os pés bem aterrados no chão. A esperança não nos retira da realidade, mas pode tranquilizar nosso coração.

O ser da quinta dimensão é esperançoso e otimista sem ser lunático, porque tem raízes firmes. É naturalmente positivo sem ser fantasioso. E por vibrar na positividade também contribui para que a vida do todo se torne mais positiva.

Um dos maiores desafios de 2020 foi lidar com o não saber. Claro que, em verdade, o não saber está sempre presente na vida. Entretanto, o indivíduo da terceira dimensão acreditava que poderia ter domínio sobre a sua existência. A onipotência humana caiu um pouco mais por terra diante da paralisação mundial de 2020. A pandemia foi mais uma ferida para o narcisismo humano, tanto quanto foi a teoria do heliocentrismo, proposta por Nicolau Copérnico e comprovada por Galileu Galilei. A Terra não estar no centro do sistema solar (geocentrismo) foi a primeira ferida para o narcisismo humano.

Na história da humanidade, o que incomodava o ego humano era condenado. Assim foi com Sócrates, Jesus, Joana d'Arc e Giordano Bruno. Este último propôs a existência de outros planetas e, possivelmente, de outras civilizações no cosmos; ocorreu o mesmo com Oscar Wilde, ao assumir a homossexualidade; e com inúmeros nomes da história. Os crimes da humanidade sempre foram cometidos em defesa do ego humano. Não precisamos citar tais crimes para não entrarmos nessa energia. Podemos dizer que o egocentrismo é o mal do mundo. Desde os pequenos desprezos pelas diferenças até as grandes crueldades mundiais, a raiz está na exacerbação egoica.

A pandemia colocou o ego humano completamente em xeque. O não saber dá um nó no ego. A pandemia de 2020 foi o ápice da incerteza coletiva. Quando o não saber dá um nó no ego, abre-se uma fenda para o ser essencial. O desmoronamento egoico sempre é oportunidade da passagem do egocentrismo para a essência.

Momento de Praticar a Quinta Dimensão

Sete anos após a previsão maia da desestruturação do mundo, prevista para 21 de dezembro de 2012, acontece efetivamente o caos mundial. Tivemos sete anos de preparação para o chamado compulsório para a quinta dimensão.

O cenário viral foi tempo de conexão com a alma, em que se encontra o guerreiro interior. Sem sair da realidade pela negação, mas sem a autoameaça da terceira dimensão, vivemos a entrega ao fluxo com reverência à vida e adaptação às imprevisibilidades (aprendizados da quinta dimensão).

Anos 1990: o cinturão de fótons envolve nosso sistema solar, somos bombardeados por fótons de luz, com a proximidade do sol central das galáxias; em 2017, mais fortes ondas de luz alteram a frequência planetária: foi passagem para a quinta dimensão. Com essa avalanche de luz, a humanidade não pôde mais conter o fluxo da transformação. Até 2020, aconteceram inúmeras limpezas que foram desestruturando as identificações negativas e egoicas. 2019 foi ano de Marte, no qual muitos cortes foram feitos para a liberação das codependências e negatividades. Não que estivesse sendo um processo leve, mas o ano de 2020 veio avassalador. Em 21 de março, entrou o ano do Sol com um cenário totalmente inesperado, forçando o mundo todo a novas adaptações.

O eu humano esperava que a entrada do ano do sol trouxesse expansão, mas trouxe contração. Voltamos para dentro. Mesmo para aqueles que continuaram fugindo, na alienação, na onipotência ou na obsessividade, de alguma forma, tiveram seus egos abalados. E quando o ego abala, o ser pode dar um sinal de que está presente. Quinta dimensão, tempo da verdade: o ano do sol veio para que a essência pudesse brilhar, não o ego.

Em tempos de crise, emergem bloqueios inconscientes. A sensação real de ameaça em 2020 despertou conteúdos inconscientes, que vieram à tona para serem curados. O inconsciente não é formado só de sombra, mas igualmente de luz. Potenciais e qualidades essenciais também se encontram no inconsciente. Freud dizia que tínhamos um inconsciente carregado de toda nossa sombra, e Jung afirmava que possuíamos um inconsciente não só de sombra, mas também de luz. O inconsciente emergente tem sombra, mas sobretudo qualidades essenciais que reprimimos ou das quais nunca estivemos conscientes. A crise revela o pior e o melhor de nós. A negatividade de nossa personalidade se revela na crise. Assim também se revelam qualidades fundamentais, tais como: criatividade, fé, compreensão, paciência, confiança, entre outras. A crise de 2020 trouxe como consequência uma alteração profunda em todos os níveis do ser. Os novos paradigmas da quinta dimensão foram ancorados na Terra.

Desde 2017, quando foi intensificada a onda de luz para a Terra, as mudanças foram aceleradas. Todos passaram a perceber que algo estava diferente. Seja de forma consciente, seja de maneira inconsciente, muitos sentiram sua vida modificada interna e externamente. Entretanto, até 2020 não eram todas as pessoas que estavam nos efeitos da quinta dimensão. Muitos ou alguns se transformaram com a crise de 2020, contribuindo para a implantação da quinta dimensão na Terra.

O ego foi desorganizado, abrindo mais espaço para o ser. Experimentamos nessa crise a essência do Salmo 91: “Mil poderão cair a meu lado e 10 mil à minha direita, mas eu não serei atingido”. Vamos entender a essência desse salmo. Não é que o ego humano não possa ser atingido: o que não pode nos atingir é o que está sempre preservado, a essência. Nosso ser essencial nunca pode ser atingido. Nada pode nos destruir quando estamos em conexão com a nossa alma. Não é que coisas ruins não acontecerão, mas, o que quer que aconteça, somos inatingíveis na essência.

Experimentamos também a essência do Salmo 23: "O Senhor é meu pastor e nada me faltará". A falta é mais sofrida pelo medo dela do que pelo fato em si. Exceto se há falta para questões básicas de sobrevivência do primeiro triângulo (chacra), nosso humano tem a habilidade de se adaptar a quaisquer circunstâncias. O humano pode ficar bem com o salário reduzido, em confinamento, pode viver sem muitas coisas, produtos, presença física dos que ama... Enfim, o humano pode viver em qualquer circunstância de falta do que anteriormente parecia impossível. Efetivamente, precisamos apenas de nossas provisões básicas para existir. Podemos viver felizes de uma forma bem mais simples, mas isso só é possível se temos a conexão com nosso eu divino. Vamos entender bem: quinta dimensão é viver em simplicidade. Porém, como já descrevi aqui, não vamos desprezar nosso nível humano. O conforto e o prazer podem estar juntos da simplicidade do ser.

Se temos nossa essência, temos tudo e nada nos falta. Se nos desconectamos da nossa alma, mesmo que tenhamos tudo, não teremos nada. Lembrando Jesus: "Aquele que perder sua vida irá ganhá-la, e aquele que ganhar, irá perdê-la". Ganhar a vida da essência e perder as superficialidades do ego correspondem à libertação do medo da falta. Podemos ter o que for a mais, mas também vivemos muito bem sem. Quem tem a si está preenchido. Quando a essência é o pastor, nada faltará. E assim, em 2020, formou-se uma massa crítica, campo condensado de energia de um número suficiente de pessoas para a formação de um novo padrão.

A nova consciência diz respeito à:

- Consciência do não desperdício.
- Consciência da ausência de controle e da imprevisibilidade.
- Consciência da impermanência.
- Consciência de que todo o manifesto é impermanente e o imanifesto é real.
- Consciência da entrega ao comando do nosso eu superior.
- Consciência da necessidade de constante reequilíbrio.

- Consciência de que o único lugar seguro é em nosso portal da alma.
- Consciência de viver sem culpa.
- Consciência de ser livre para ser quem se é.
- Consciência da independência. Quando o todo está no medo, só nós mesmos podemos nos acolher.
- Consciência de que nossa serenidade não pode ser fornecida por nada externo, mas pelo espaço de silêncio em nosso coração.
- Consciência dos pés enraizados na Terra, para que corpo e mente possam se soltar.
- Consciência de que nada do que possamos fazer pode nos garantir o momento seguinte, mas fazemos o melhor que podemos.
- Consciência de que fazemos o que precisamos fazer e entregamos para que a vida faça o que tiver de ser.
- Consciência de que Deus é amor e caos, o todo é amor e caos, a vida é amor e caos.
- Consciência de que tudo está perfeito na aparente imperfeição.
- Consciência de que somos verdadeiramente um.

E viva a nova vibração!!!

O Chamado da Alma

Quando comecei a perceber mais fortemente a quinta dimensão, publiquei a primeira versão do livro *Passagem para Essência: o Livro Iniciático*, em 2012.[2] Parece que após você publicar o livro, ele ancora efetivamente em sua vida. Escrevi o *Passagem* em sete anos, como um processo iniciático. Dois meses após sua publicação, tive um tumor de intestino, que foi um processo leve. Apenas uma cirurgia, uma semana no hospital e a sensação de renascimento. Um mês antes havia sonhado com Cristo, com Krishna: sonhei que minha falecida avó materna veio até a mim, pareciam estar decidindo se eu ia ou ficava. E tive mais um sonho: que estava trocando minha coluna. Tal fenômeno é raro, mas pode acontecer, consiste em uma nova encarnação dentro da mesma encarnação. Quer dizer que a pessoa continua no mesmo corpo, mas com um novo propósito, modificando totalmente sua vida. Por fim, minha alma escolheu continuar aqui. Eu já tinha o objetivo de, por meio da expressão da minha essência, auxiliar outros também a expressarem o ser essencial. O Espaço Essência já tinha sido manifestado desde 2000. Porém, a partir de 2012, o propósito refinou: manifestar a essência para o ancoramento da quinta dimensão.

Logo que passei por todo esse processo, o ego criou uma resistência. Mas, claro, era inconsciente. Dificilmente sabemos que estamos na resistência, quase sempre ela é inconsciente. Parei de fazer terapia e, embora eu sempre investigasse meu inconsciente, em 2012 dei uma trégua.

---

2 Obra publicada posteriormente pela Madras Editora.

Inconscientemente, eu temia desmoronar a vida construída na terceira dimensão. Mas a força da alma é inexorável. Em 2013, senti o chamado para ir ao Grand Canyon, no Arizona, Estados Unidos. Quando estava lá, parceria que aquele era o lugar da minha alma. Na volta dessa viagem, o desmoronamento da terceira dimensão começou a acontecer, com mudanças em todas as áreas da vida. Entendo perfeitamente a resistência das pessoas em se moverem para a quinta dimensão, porque você vai abrindo mão de tudo que não expressa a totalidade do que é. Esse processo pode ser mais leve ou mais doloroso, mas ele não existe sem algum tipo de perda. Porém, não precisamos nos preocupar, pois só vai embora o que não está totalmente alinhado com a alma.

O chamado para a quinta dimensão era persistente. Em 2013, convidei Poli (canal de Nefertiti) para fazermos práticas de meditação na quinta dimensão. Convidávamos as pessoas e poucos iam. Acordei certa manhã com a palavra: Malaki ha. Entendi o chamado. Comecei a fazer práticas energéticas e vibracionais para maior conexão com o ser essencial, facilitando, assim, o ancoramento da quinta dimensão. Fui procurar o significado destas duas palavras: malaki – sopro divino; ha – enviado por Deus. Passei a realizar a prática no Espaço Essência, mas ela também despertou pouco interesse das pessoas. Curioso é que o curso, criando felicidade, a qual também manifestei nesse tempo, também não gerava interesse. Pois é, as pessoas procuram vivências com temas como prosperidade, amor, mas o que realmente importa parece gerar resistência. O que elas não sabem é que poderão encontrar realização em todas as áreas da vida, simplesmente por serem quem são. Vibrar na quinta dimensão é garantia de felicidade, porque ocorre o alinhamento com o fluxo do universo. Portanto, não existe frustração, mas entendimento profundo da vida.

Meditação na quinta dimensão, curso criando felicidade e Malaki ha não despertavam muito interesse nas pessoas. Ainda em 2013 mais um chamado: curso de transpessoal da essência. Meu ego encontrou um meio de cumprir o propósito da minha alma e criou esse curso, que passou a ser a principal atividade do Espaço Essência, o qual se tornou escola iniciática da quinta dimensão. Então, o curso de transpessoal possibilitou que as pessoas, de forma leve e contínua, pudessem acessar a própria essência e, consequentemente, vibrassem na quinta dimensão.

Sou profundamente realizada fazendo o que faço e sendo quem sou. E afirmo, vençam a resistência para deixarem o que não é, para se moverem para quem se é. A dor da passagem é mínima diante da plenitude de viver no novo mundo. Vale a pena! Além do ganho da alma, também há ganhos para o nível humano. O que desmoronou para mim na terceira dimensão foi reconstruído em novo patamar, mais ressonante, na quinta dimensão. Como expliquei anteriormente, cada um realiza a passagem por uma questão da própria existência. Para mim, foi no campo de relacionamento.

Findei uma união de 24 anos, não por falta de afeto, mas porque não éramos mais ressonantes. Passei por fortes desconstruções internas e externas, inclusive a saída da casa que construí em parceria com a minha ex. Eis aí um grande desafio pelo qual passei: embora amasse a casa maravilhosa que foi construída com tudo que poderia satisfazer as minhas partes, atrás de uma mata, que ecoava profundamente na minha alma, não estava mais na minha verdade permanecer naquele lugar, naquele momento.

A solicitação do meu ser essencial era para que eu morasse sozinha. Após um processo de mergulho interior e transformação profunda de dois anos, encontrei um novo amor. Intencionei encontrar um amor ressonante nos sete chacras e, no dia em que a conheci, acordei de manhã e tive uma sensação de grande completude. Quer dizer, eu estava completa dentro de mim para encontrar a completude fora. As pessoas costumam inverter a ordem, procurar o preenchimento fora quando o vazio está dentro.

Uma semana antes de encontrar meu amor ressonante tive o chamado de entrar no aplicativo Par Perfeito. E no nível da quinta dimensão, essa perfeição aconteceu mesmo. Quando estamos prontos para viver a verdade, a partir de uma escolha consciente, o universo, certamente, traz todas as possibilidades para vivermos nossa alma na existência física. O que é para acontecer em verdade se concretiza na quinta dimensão, por maiores que sejam os desafios. Apesar da longa distância física, a confiabilidade da alma moveu meu amor para estar comigo e ainda comprando a parte da casa da minha ex.

Por fim, após sete meses, retornei para a mesma casa com o novo casamento e, ainda, ganhei uma filha totalmente ressonante com a minha alma. Essa família que se constituiu era tudo de que eu precisava para ancorar a vida na quinta dimensão. A ressonância de almas abriu espaço para sermos totalmente quem somos, em completa integridade, desde o primeiro dia. Esse relacionamento só confirmou a verdade da quinta dimensão, que podemos levar para todas as áreas da vida: ganhamos muito quando somos totalmente quem somos em abertura e entrega. Verdadeiramente, não podemos ser felizes com reservas e resistências, mas com disponibilidade para viver o que o universo trouxer. Se ouvirmos nossa alma, iremos nos mover para onde temos de ir e fazemos o que é para ser feito, realizando o propósito maior do grande Espírito. O ser é; o ser faz. E seguindo o chamado da alma fui a delfos, onde fluiu o mantra básico da quinta dimensão. Eu sou o que sou, Eu amo o que sou, Eu realizo o que sou.

A quinta dimensão não trouxe somente uma sensação interna de preenchimento, felicidade genuína, paz interior e outras bênçãos espirituais, mas também realização abundante em todas as áreas do eu pessoal da terceira dimensão.

O mais importante na quinta dimensão está bem longe de ser a vitória do eu pessoal, ao contrário, ouvir a alma pode levar o ego humano a aparentemente perder. Mas o que parece ser perda pode ser ganho em algum nível do ser. Além disso, alinhar o eu essencial para outros ganhos na vida existencial é só uma questão de tempo e, claro, muito trabalho interno. A quinta dimensão não representa proteção contra qualquer negatividade externa, porque vivemos as experiências que precisamos viver. Ser feliz é estar em estado de abertura e entrega para a vida. Mas o que quero dizer é que é inexorável caminharmos para o mais ressonante, quando estamos em nossa verdade. Onde está a ressonância está o propósito, e é isso que verdadeiramente importa.

Encerro por aqui com esta frase trazida pelo mestre Guilherme Arantes, colaborador da quinta dimensão com suas músicas, como "Planeta Água", "Deixa Chover", "Êxtase", "Lindo Balão Azul", "Amanhã", "Brincar de Viver", entre outras. Ele sempre teve consciência da totalidade. Quando o jornalista lhe perguntou como ficaria a música popular brasileira com a chegada do sertanejo, ele disse que havia lugar para todos. A quinta dimensão não exclui nada, mas é inclusiva. Segue a última frase da música "Brincar de Viver":

"Como sou feliz, eu quero ver feliz quem andar comigo, vem!"

Gratidão aos arcturianos e a outros irmãos estelares; aos ancestrais; à minha matriz de identidade: ao meu pai, de quem eu trago a herança da liberdade, e à minha mãe, de quem herdo a verdade; aos mestres desta e de outras existências; aos alunos do Espaço Essência, profundos e corajosos para irem além; à minha esposa, Waneria Melo e filha, Ana Laura Melo família constituída da quinta dimensão; e a todas as essências que caminham comigo na construção da nova civilização!

Integração e Entrega: o Novo Paradigma

A frequência da quinta dimensão sempre existiu, porém poucas pessoas eram canais para sintonizar essa vibração. Mas seres como Buda, Jesus Cristo, Platão, Allan Kardec, Masaharu Taniguchi, entre muitos outros, já acessavam essa frequência. Assim também há seres hoje que acessam frequências de sexta e sétima dimensões.

Embora a frequência da quinta dimensão já existisse na Terra, ela foi intensificada após 2015 e ancorada em 2020. Escolhemos no nível da alma participar desse processo, encarnados na fisicalidade, porque possuímos recursos internos para lidar com as transformações. A partir de 2020, não foi mais uma questão de escolha participar ou não da quinta dimensão, todos foram arrastados. Precisou acontecer uma pandemia para que experimentássemos a unicidade. Vivemos a unicidade invertida, mas foi a forma que o universo encontrou, de acordo com nossas almas, para que muitos pudessem experimentar maior conexão com a essência. O chamado veio para todos, alguns pegaram.

A evolução se faz na dualidade. É a quarta lei de *O Caibalion* de Hermes Trismegisto: a polaridade. Podemos ir da luz para a sombra e da sombra para a luz. O atrito pode movimentar o humano para a sombra ou para a luz. A luz ilumina para que a sombra possa emergir no individual e no coletivo. Na quinta dimensão, tudo está certo e tudo já foi escolhido pela nossa alma. É o chamado além do medo, é o momento de ancoramento no propósito.

Quem estava encarnado em 2020 escolheu no nível da alma participar dessa ascensão coletiva. Para que o planeta fosse limpo e a nova consciência desertada no coletivo, muitos morreram, mas não por casualidade, pois já tinham feito o contrato sagrado da partida da Terra nesse tempo. Foram guerreiros recebidos com muitas bênçãos no plano espiritual. Para alguns, esse momento se traduziu como apocalíptico, porém, para muitos, foi de descobertas e crescimento. A luz não está em guerra contra a sombra, como nos mitos apocalípticos. Tudo o que existe é de Deus. O vírus também é divino porque o Todo é um. Precisamos ir além da mentalidade da oposição e da exclusão. Nosso humano sempre despreza o que ele não gosta e odeia o que pode ameaçá-lo. Contudo, a cura do mal dentro e fora é pela integração, não pela exclusão.

Quinta dimensão é a consciência de que tudo é um. Ceder à vida em vez de brigar com ela, embora seja desafiador, é um sábio posicionamento. Deus é amor e caos, a vida é amor e caos. Nosso eu humano sabe agora, mais do que nunca, que não pode controlar o incontrolável. Portanto, para termos paz, precisamos aprender a entrega. Quinta dimensão é alinhar nossa vontade individual à vontade divina. Lembremos as palavras do Cristo: "Pai, se puderes, afasta de mim este cálice, mas que seja feita a tua vontade".